필수 중학 영단어 3

교과서가
보이는
40일
완성

중3
핵심어휘
800
단어

구성 및 특징

- **중학 영단어 1** 예비중학생~중1 수준에 적합한 어휘서로, 초등 필수 어휘 및 중1 교과서 어휘 1,000개 수록

- **중학 영단어 2** 중1~중2 수준에 적합한 어휘서로, 중2 교과서 어휘 1,000개 수록

- **중학 영단어 3** 중2~중3(예비고) 수준에 적합한 어휘서로, 중3 교과서 어휘 및 고교 필수 어휘 800개 수록

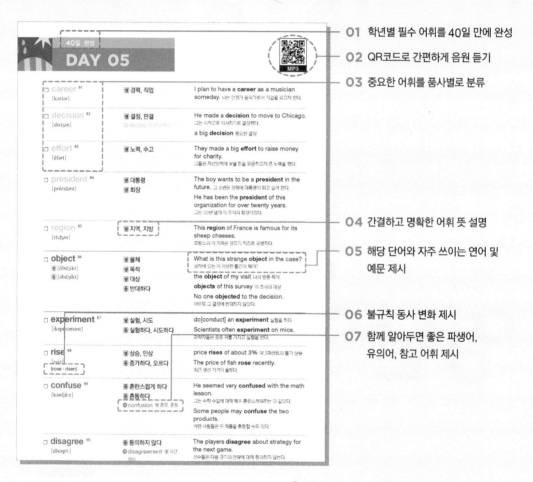

01 학년별 필수 어휘를 40일 만에 완성

02 QR코드로 간편하게 음원 듣기

03 중요한 어휘를 품별로 분류

04 간결하고 명확한 어휘 뜻 설명

05 해당 단어와 자주 쓰이는 연어 및 예문 제시

06 불규칙 동사 변화 제시

07 함께 알아두면 좋은 파생어, 유의어, 참고 어휘 제시

08 필수 접두사/접미사, 유의어의 의미 차이, broken English 등 어휘 실력을 한 단계 더 향상시킬 수 있는 다양한 추가 정보 제시

Voca Up 동사 + -(at)ion

동사에 -(at)ion을 붙이면 명사가 되는 경우가 많다. 이때, 동사 끝의 -e는 탈락된다.
recommend(추천하다) + ation = recommendation(추천)
observe(관찰하다) + ation = observation(관찰)
prevent(방지하다) + ion = prevention(방지) confuse(혼란스럽게 하다) + ion = confusion(혼란)

10 영영정의를 통한 영어 사고력 키우기

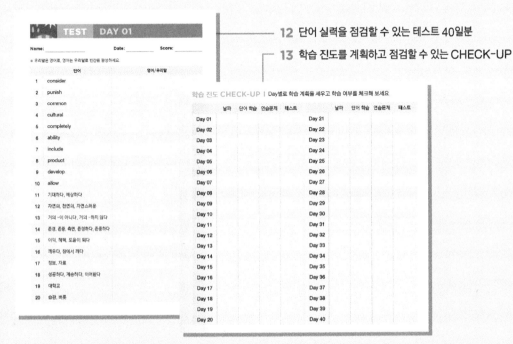

EXERCISE

정답 pp.170~176

A 빈칸에 알맞은 말을 넣어 어구를 완성하세요.

1 a big _____ to raise money (돈을 모금하고자 하는 큰 노력)

2 the _____ of this organization (이 조직의 회장)

3 this _____ of France (프랑스의 이 지역)

4 this strange _____ (이 이상한 물건)

5 _____ people in this room (이 방에 있는 여러 사람들)

B 우리말을 참고하여 문장 속에 알맞은 단어를 써 넣으세요.

1 The price of fish _____ recently. (최근 생선 가격이 올랐다.)

2 The players _____ about strategy for the next game.
(선수들은 다음 게임의 전략에 대해 동의하지 않는다.)

3 Many countries _____ an independence day.
(많은 나라들이 독립기념일을 준수한다.)

4 The performers looked very _____. (공연자들은 매우 침착해 보였다.)

5 Many people were _____ hurt in the explosion.
(많은 사람들이 폭발 사고에서 심하게 다쳤다.)

C 우리말과 같은 뜻이 되도록 괄호 안의 단어를 배열하세요.

1 그는 시카고로 이사하기로 결정했다. (made, to move, he, to Chicago, a decision)
→

2 그는 수학 수업에 대해 매우 혼란스러워하는 것 같았다.
(seemed, the math lesson, very confused, he, with)
→

3 우리는 손을 씻음으로써 병을 예방할 수 있다.
(illness, by washing, can, we, our hands, prevent)
→

4 편찮은 미용사를 추천해 주시겠어요? (you, hair stylist, can, a good, recommend)
→

D 단어와 영어 뜻을 연결하세요. (영영풀이)

1 rise · · ⓐ peaceful, quiet or relaxed

2 confuse · · ⓑ to mix up someone's mind or ideas

3 prevent · · ⓒ an increase in an amount, a number or a leve

4 calm · · ⓓ to stop something from happening or
someone from doing something

MP3

E 영어 단어를 듣고 받아 적은 후 그 단어의 뜻을 쓰세요. (받아쓰기)

	English	Korean		English	Korean
1			11		
2			12		
3			13		
4			14		
5			15		
6			16		
7			17		
8			18		

09 연습문제를 통한 어휘 응용 능력 강화

11 받아쓰기를 통한 확실한 어휘 복습

TEST | DAY 01

Name: _____ Date: _____ Score: _____

● 우리말은 영어로, 영어는 우리말로 빈칸을 완성하세요.

	단어	영어/우리말
1	consider	
2	punish	
3	common	
4	cultural	
5	completely	
6	ability	
7	include	
8	product	
9	develop	
10	allow	
11	기대하다, 예상하다	
12	자연의, 천연의, 자연스러운	
13	거의 -이 아니다, 거의 -하지 않다	
14	존경, 존중, 측면, 존경하다, 존중하다	
15	이익, 혜택, 도움이 되다	
16	계속하다, 잠에서 깨다	
17	정보, 자료	
18	성공하다, 계승하다, 이어받다	
19	대학교	
20	습관, 버릇	

12 단어 실력을 점검할 수 있는 테스트 40일분

13 학습 진도를 계획하고 점검할 수 있는 CHECK-UP

학습 진도 CHECK-UP | Day별로 학습 계획을 세우고 학습 여부를 체크해 보세요

	날짜	단어 학습	연습문제	테스트		날짜	단어 학습	연습문제	테스트
Day 01					Day 21				
Day 02					Day 22				
Day 03					Day 23				
Day 04					Day 24				
Day 05					Day 25				
Day 06					Day 26				
Day 07					Day 27				
Day 08					Day 28				
Day 09					Day 29				
Day 10					Day 30				
Day 11					Day 31				
Day 12					Day 32				
Day 13					Day 33				
Day 14					Day 34				
Day 15					Day 35				
Day 16					Day 36				
Day 17					Day 37				
Day 18					Day 38				
Day 19					Day 39				
Day 20					Day 40				

CONTENTS

VOCA UP

Day 01	불가산 명사	Day 21	secretary
Day 02	명사 + -ful	Day 22	학문명
Day 03	형용사 + -ly	Day 23	-sis로 끝나는 명사
Day 04	동사 + -ment	Day 24	mobile
Day 05	동사 + -(at)ion	Day 25	장기의 명칭
Day 06	disappoint, embarrass	Day 26	envy와 jealousy
Day 07	sense	Day 27	금지하다
Day 08	flight	Day 28	결혼, 이혼, 약혼
Day 09	disabled	Day 29	많은
Day 10	bother	Day 30	신분증
Day 11	precious와 valuable	Day 31	appointment
Day 12	형용사 + -ness	Day 32	do harm[good]
Day 13	separate, graduate의 발음	Day 33	crush
Day 14	정도를 나타내는 fairly	Day 34	doctor
Day 15	불규칙 과거형: 자음 반복 + -ed	Day 35	a cold
Day 16	-ly로 끝나는 형용사	Day 36	horrify
Day 17	방해하다	Day 37	cunning
Day 18	degree	Day 38	형용사 + -en
Day 19	chemistry	Day 39	baby
Day 20	appropriate과 suitable	Day 40	상인

권장 학습 방법

1. 먼저 그날 배울 어휘 25개를 훑어보고 모르는 단어에 표시하세요.
2. 이때 mp3를 이용해 단어의 발음도 함께 들으세요.
3. 각 단어와 뜻을 확인한 후 예문과 연어를 통해 쓰임을 익히세요.
4. 학습한 단어를 되도록 쓰면서 외우세요.
5. 연습문제로 확인한 후, Test로 최종 점검을 하세요.

학습 진도 CHECK-UP | Day별로 학습 계획을 세우고 학습 여부를 체크해 보세요.

	날짜	단어 학습	연습문제	테스트		날짜	단어 학습	연습문제	테스트
Day 01					Day 21				
Day 02					Day 22				
Day 03					Day 23				
Day 04					Day 24				
Day 05					Day 25				
Day 06					Day 26				
Day 07					Day 27				
Day 08					Day 28				
Day 09					Day 29				
Day 10					Day 30				
Day 11					Day 31				
Day 12					Day 32				
Day 13					Day 33				
Day 14					Day 34				
Day 15					Day 35				
Day 16					Day 36				
Day 17					Day 37				
Day 18					Day 38				
Day 19					Day 39				
Day 20					Day 40				

품사

명사	명	사람, 장소, 사물의 이름 예) lesson 수업 pencil 연필 arm 팔
대명사	대	명사를 대신하여 쓰는 말 예) they 그(것)들 it 그것 you 너
동사	동	동작이나 상태 등을 나타내는 말 예) bring 가져오다 practice 연습하다 learn 배우다
형용사	형	상태, 성질, 모양, 크기, 수량을 나타내는 말 예) different 다른 big 큰 sick 아픈
부사	부	시간, 장소, 이유, 방법 등을 나타내는 말 예) early 일찍 together 함께 here 여기에
전치사	전	명사 앞에 쓰여 시간, 장소, 방향 등을 나타내는 말 예) in ~ 안에 to ~에게, ~로 with ~와 함께
접속사	접	단어와 단어, 문장과 문장을 이어주는 말 예) and 그리고 but 그러나 when ~할 때
감탄사	감	놀람, 충격 등의 감정을 표현하는 말

약호

파생어	파	해당 단어에서 파생된 말
유의어	유	해당 단어와 비슷하게 사용되는 말
반의어	반	해당 단어와 반대 뜻을 가진 말
참고	참	해당 단어와 관련하여 참고하면 좋은 표현
복수형	복	명사의 복수형
약어	약	명사를 줄여 쓰는 말

DAY
01-40

MP3

☐ **ability** ¹
[əbílǝti]
몡 능력, 수완
Cats have the **ability** to hunt in the dark.
고양이는 어둠 속에서 사냥을 하는 능력이 있다.

☐ **habit** ²
[hǽbit]
몡 습관, 버릇
He has a bad **habit** of smoking when he is upset. 그는 화가 나면 담배를 피우는 나쁜 습관이 있다.

☐ **information** ³
[ìnfǝrméiʃǝn]
몡 정보, 자료
Wikipedia is a great online source of **information**. 위키피디아는 훌륭한 온라인 정보 출처이다.

☐ **product** ⁴
[prádǝkt]
몡 제품, 상품
⬢ produce 통 생산하다
Our company will introduce a new **product** this fall. 우리 회사는 올 가을 신제품을 출시할 예정이다.

☐ **university** ⁵
[jùːnǝvǝ́ːrsǝti]
몡 대학교
He attends an expensive private **university**.
그는 비싼 사립대학교에 다닌다.

☐ **benefit** ⁶
[bénǝfit]
몡 이익, 혜택
통 도움이 되다
⬢ beneficial 혱 유익한
He did everything for his children's **benefit**.
그는 자녀의 이익을 위해 모든 것을 다했다.

This book will **benefit** your studies.
이 책은 당신의 연구에 도움이 될 것이다.

☐ **respect** ⁷
[rispékt]
몡 존경, 존중
몡 측면
통 존경하다, 존중하다
Speaking politely shows **respect** for other people.
예의 바르게 말하는 것은 다른 사람들에 대한 존중을 나타낸다.

in this **respect** 이런 측면에서

We should **respect** each other's opinions.
우리는 서로의 의견을 존중해야 한다.

☐ **allow** ⁸
[ǝláu]
통 허락하다, 허용하다
⬢ allowance 몡 수당, 용돈, 허용치
I don't **allow** anyone into my bedroom.
나는 내 침실에 아무도 허락하지 않는다.

☐ **consider** ⁹
[kǝnsídǝr]
통 고려하다, 간주하다
⬢ consideration 몡 고려, 검토
Please **consider** this money as a gift.
부디 이 돈을 선물로 생각해 주세요.

☐ **develop** ¹⁰
[divélǝp]
통 발전하다, 개발하다
⬢ development 몡 발전
You should **develop** your writing skills more.
너는 네 글쓰기 능력을 더 개발해야 한다.

□ **expect** 11
[ikspékt]
통 기대하다, 예상하다
때 expectation 명 기대, 예상
We **expect** the guests to arrive before 9 pm.
우리는 손님들이 밤 9시 전에 도착할 것으로 예상한다.

□ **include** 12
[inklúːd]
통 포함하다
때 inclusion 명 포함
반 exclude 통 제외하다
This set **includes** a drink, fries and a burger.
이 세트에는 음료수, 감자튀김, 버거가 포함된다.

□ **punish** 13
[pʌ́niʃ]
통 처벌하다, 벌을 주다
때 punishment 명 벌
The students were **punished** for cheating.
그 학생들은 컨닝한 것 때문에 벌을 받았다.

□ **succeed** 14
[səksíːd]
통 성공하다
통 계승하다, 이어받다
때 success 명 성공
Reading books will help you **succeed** as a writer. 책을 읽는 것은 작가로 성공하는 데 도움을 줄 것이다.
We expect that he will **succeed** the current CEO. 우리는 그가 현 CEO 자리를 계승할 것이라고 예상한다.

□ **wake** 15
[weik]
(woke - woken)
통 깨우다, 잠에서 깨다
She **wakes** up at 7 am every day.
그녀는 매일 오전 7시에 잠에서 깬다.

□ **common** 16
[kámən]
형 흔한, 일반적인, 공통의
참 common sense 명 상식
This type of bird is quite **common** here.
이런 류의 새는 여기에서 꽤 흔하다.

□ **cultural** 17
[kʌ́ltʃərəl]
형 문화의
때 culture 명 문화
We went to a **cultural** festival in this area.
우리는 이 지역의 문화 축제에 갔다.

□ **natural** 18
[nǽtʃərəl]
형 자연의, 천연의
형 자연스러운
때 nature 명 자연
a **natural** disaster 자연재해
Anger is a **natural** reaction.
화는 자연스러운 반응이다.

□ **completely** 19
[kəmplíːtli]
부 완전히, 완벽하게
She was **completely** shocked by the story.
그녀는 그 이야기에 완전히 충격을 받았다.

□ **hardly** 20
[háːrdli]
부 거의 ~이 아니다, 거의 ~하지 않다
He **hardly** ate anything for dinner tonight.
그는 오늘 밤 저녁 식사로 거의 아무것도 먹지 않았다.

Voca Up   불가산 명사

information, advice, news 등은 불가산 명사로서 앞에 a를 붙이거나 복수로 만들 수 없다. 대신 some, a piece of 등을 붙여 표현한다.
EX. He gave me **some information[advice]**. (그는 내게 정보를 좀 줬다[충고를 좀 해줬다].)

EXERCISE

정답 pp.170~176

A 빈칸에 알맞은 말을 넣어 어구를 완성하세요.

1 a great online source of _____ (훌륭한 온라인 정보 출처)

2 _____ each other's opinions (서로의 의견을 존중하다)

3 _____ up at 7 am (오전 7시에 잠에서 깨다)

4 a _____ festival in this area (이 지역의 문화 축제)

5 a _____ reaction (자연스러운 반응)

B 우리말을 참고하여 문장 속에 알맞은 단어를 써 넣으세요.

1 Cats have the _____ to hunt in the dark.
(고양이는 어둠 속에서 사냥을 하는 능력이 있다.)

2 Our company will introduce a new _____ this fall.
(우리 회사는 올 가을 신제품을 출시할 것이다.)

3 You should _____ your writing skills more.
(너는 네 글쓰기 능력을 더 개발해야 한다.)

4 This set _____ a drink, fries and a burger.
(이 세트에는 음료수, 감자튀김, 버거가 포함된다.)

5 He _____ ate anything for dinner tonight.
(그는 오늘 밤 저녁 식사로 거의 아무것도 먹지 않았다.)

C 우리말과 같은 뜻이 되도록 괄호 안의 단어를 배열하세요.

1 나는 내 침실에 아무도 허락하지 않는다.
(allow, I, into, don't, my bedroom, anyone)
→ _____

2 우리는 손님들이 밤 9시 전에 도착할 것으로 예상한다.
(expect, to arrive, we, the guests, before 9 pm)
→ _____

3 이런 류의 새는 여기에서 꽤 흔하다. (bird, here, is, this type of, common, quite)

→ _____

4 그녀는 그 이야기에 완전히 충격을 받았다.

(was, by the story, she, completely shocked)

→ _____

D 단어와 영어 뜻을 연결하세요. 영영풀이

1 ability ·

· ⓐ power or skill needed to do something

2 benefit ·

· ⓑ to think about something carefully

3 consider ·

· ⓒ a helpful or good effect

4 punish ·

· ⓓ to make someone suffer because they
did something wrong

E 영어 단어를 듣고 받아 적은 후 그 단어의 뜻을 쓰세요. 받아쓰기 🎧

	English	Korean		English	Korean
1			11		
2			12		
3			13		
4			14		
5			15		
6			16		
7			17		
8			18		
9			19		
10			20		

☐ accident 21 [ǽksidənt]	몡 사고, 사건	She had a car **accident** yesterday. 그녀는 어제 자동차 사고를 당했다.
☐ importance 22 [impɔ́:rtəns]	몡 중요성 ❷ important 몡 중요한	He emphasized the **importance** of walking every day. 그는 매일 걷는 것의 중요성을 강조했다.
☐ memory 23 [méməri]	몡 기억, 추억	She had happy **memories** of the vacation. 그녀는 그 휴가에 대해 행복한 기억을 갖고 있었다.
☐ technology 24 [teknálədʒi]	몡 기술, 과학 기술 ❷ technological 몡 기술의, 기술적인	New **technology** is helping us find better energy sources. 새로운 기술이 우리가 더 나은 에너지원을 찾는 데 도움을 주고 있다.
☐ interest 25 [íntərəst]	몡 관심 몡 이자 동 ~의 관심을 끌다 ❷ interesting 몡 흥미로운	lose **interest** 관심을 잃다 **interest** rate 이자율 This artist **interests** me very much. 이 화가는 나의 관심을 아주 크게 끈다.
☐ offer 26 [ɔ́(:)fər]	몡 제공, 제안 동 제공하다, 제안하다	Did you accept their **offer**? 그들의 제안을 받아들였나요? I **offered** her my coat because she looked cold. 나는 그녀가 추워 보여서 그녀에게 내 코트를 줬다.
☐ supply 27 [səplái]	몡 공급(량), 재고량 동 공급하다	We have a big **supply** of medicine. 우리는 의약품 재고가 충분히 많다. We **supplied** the travelers with plenty of food and water. 우리는 여행객들에게 많은 음식과 물을 제공했다.
☐ value 28 [vǽlju:]	몡 가치, 가격 동 중시하다 ❷ valuable 몡 가치 있는, 값비싼	The **value** of the painting is very high. 그 그림의 가치는 매우 높다. She **values** her health more than money. 그녀는 돈보다 건강을 더 중시한다.
☐ achieve 29 [ətʃíːv]	동 이루다, 달성하다 ❷ achievement 몡 성과, 성취	She **achieved** all of her goals before graduation. 그녀는 졸업 전에 목표를 모두 이루었다.
☐ disappear 30 [dìsəpíər]	동 사라지다, 없어지다 ❷ appear 동 나타나다, 생기다	The plane **disappeared** into the sky. 그 비행기는 하늘로 사라졌다.

□ **prefer** [31] [prifə́:r] (preferred - preferred)	통 더 좋아하다, 선호하다 ⑩ preference 명 선호, 선호도	We **prefer** chicken sandwiches to ham sandwiches. 우리는 햄 샌드위치보다 치킨 샌드위치를 더 좋아한다.
□ **relax** [32] [rilǽks]	통 편안히 쉬다, 긴장을 풀다	Please try to **relax** and breathe deeply. 긴장을 풀고 숨을 깊게 쉬어 보세요.
□ **realize** [33] [rí(:)əlàiz]	통 깨닫다 통 실현하다 ⑩ realization 명 깨달음, 실현	He **realized** that he was surrounded by reporters. 그는 자신이 기자들에게 둘러싸였다는 것을 깨달았다. **realize** her potential 그녀의 가능성을 실현하다
□ **suppose** [34] [səpóuz]	통 ~라고 생각하다, 추측하다	The situation is worse than we **supposed**. 상황이 우리가 추측했던 것보다 더 안 좋다.
□ **crazy** [35] [kréizi]	형 정신 나간 형 푹 빠진	Some people thought he was **crazy**. 일부 사람들은 그가 정신이 나갔다고 생각했다. He is **crazy** about her. 그는 그녀에게 푹 빠져 있다.
□ **fashionable** [36] [fǽʃənəbl]	형 유행하는 형 고급의	Coats with fur are **fashionable** these days. 털이 달린 코트가 요즘 유행이다. a **fashionable** resort 고급 리조트
□ **normal** [37] [nɔ́:rməl]	형 평범한, 정상적인 ⑪ abnormal 형 비정상적인	She just wanted a **normal** life. 그녀는 단지 평범한 삶을 원했다.
□ **successful** [38] [səksésfəl]	형 성공적인, 성공한	The team had a **successful** year. 그 팀은 성공적인 해를 보냈다.
□ **probably** [39] [prάbəbli]	부 아마도	She **probably** needs a new computer. 그녀는 아마도 새 컴퓨터가 필요하다.
□ **properly** [40] [prάpərli]	부 제대로, 적절하게	You're not doing your job **properly**. 너는 네 일을 제대로 하고 있지 않다.

Voca Up	명사 + -ful

명사에 -ful을 붙이면 형용사가 되는 경우들이 있다.

EX. success(성공)+ful = successful(성공적인)   help(도움)+ful = helpful(도움이 되는)
　　 power(힘)+ful = powerful(힘 있는)   peace(평화)+ful = peaceful(평화로운)

EXERCISE

정답 pp.170~176

A 빈칸에 알맞은 말을 넣어 어구를 완성하세요.

1 a car _____ (자동차 사고)

2 a big _____ of medicine (의약품의 충분한 재고)

3 the _____ of the painting (그 그림의 가치)

4 a _____ life (평범한 삶)

5 a _____ year (성공적인 해)

B 우리말을 참고하여 문장 속에 알맞은 단어를 써 넣으세요.

1 He emphasized the _____ of walking every day.
(그는 매일 걷는 것의 중요성을 강조했다.)

2 New _____ is helping us find better energy sources.
(새로운 기술이 우리가 더 나은 에너지원을 찾는 데 도움을 주고 있다.)

3 She _____ all of her goals before graduation.
(그녀는 졸업 전에 목표를 모두 이루었다.)

4 Please try to _____ and breathe deeply.
(긴장을 풀고 숨을 깊게 쉬어 보세요.)

5 She _____ needs a new computer.
(그녀는 아마도 새 컴퓨터가 필요하다.)

C 우리말과 같은 뜻이 되도록 괄호 안의 단어를 배열하세요.

1 그녀는 그 휴가에 대해 행복한 기억을 갖고 있었다.
(had, happy, she, of the vacation, memories)
→ _____

2 당신은 그들의 제안을 받아들였나요? (accept, you, their offer, did)
→ _____

3 우리는 햄 샌드위치보다 치킨 샌드위치를 더 좋아한다.

(prefer, to, we, ham sandwiches, chicken sandwiches)

→ _____

4 너는 네 일을 제대로 하고 있지 않다. (doing, you're, your job, not, properly)

→ _____

D 단어와 영어 뜻을 연결하세요. 영영풀이

1 interest   •

• ⓐ to become impossible to see

2 disappear •

• ⓑ the feeling of wanting to give your attention

3 realize   •

• ⓒ stupid or not sensible

4 crazy   •

• ⓓ to understand a situation, sometimes suddenly

E 영어 단어를 듣고 받아 적은 후 그 단어의 뜻을 쓰세요. 받아쓰기 🎧

	English	Korean		English	Korean
1			11		
2			12		
3			13		
4			14		
5			15		
6			16		
7			17		
8			18		
9			19		
10			20		

MP3

☐ **article** ⁴¹
[ɑ́ːrtikl]

명 기사, 논문

I read an amazing **article**.
나는 놀라운 기사를 하나 읽었다.

☐ **movement** ⁴²
[múːvmənt]

명 (사회적) 운동
명 움직임
◉ move 통 움직이다

She participated in many political **movements**.
그녀는 많은 정치 운동에 참여했다.

the dancer's **movements** 무용수의 움직임

☐ **passenger** ⁴³
[pǽsəndʒər]

명 승객

The train can carry 500 **passengers** at a time.
그 기차는 한 번에 500명의 승객을 수송할 수 있다.

☐ **material** ⁴⁴
[mətí(ː)əriəl]

명 재료

What kind of **material** did you use to make this table?
이 테이블을 만드는 데 어떤 재료를 사용했나요?

☐ **manager** ⁴⁵
[mǽnidʒər]

명 관리자, 감독
◉ manage 통 관리하다

I would like to speak to the **manager** of the restaurant.
식당의 관리자와 얘기를 하고 싶습니다.

☐ **approach** ⁴⁶
[əpróutʃ]

명 접근(법)
통 접근하다

My **approach** to this topic is scientific.
이 주제에 대한 내 접근법은 과학적이다.

We **approached** the snake carefully.
우리는 조심스럽게 뱀에게 접근했다.

☐ **honor** ⁴⁷
[ɑ́nər]

명 영광, 영예
통 ~에게 영광[영예]을 주다

It was a huge **honor** to receive the award.
그 상을 받은 것은 대단한 영광이었다.

I'm **honored** to meet you.
당신을 뵙게 되어 영광입니다.

☐ **continue** ⁴⁸
[kəntínju(ː)]

통 계속하다, 계속되다
◉ continuous 형 지속적인

They will **continue** to fight crime.
그들은 계속해서 범죄와 싸울 것이다.

☐ **invent** ⁴⁹
[invént]

통 발명하다, 개발하다
◉ invention 명 발명, 개발

Do you know who **invented** it first?
누가 처음에 그것을 발명했는지 알아?

☐ **perform** ⁵⁰
[pərfɔ́ːrm]

통 공연하다
통 수행하다
◉ performance 명 공연

The children will **perform** a song at the ceremony.
아이들은 그 예식에서 노래 공연을 할 것이다.

perform an experiment 실험을 수행하다

| □ **provide** 51
[prəváid] | 통 제공하다, 공급하다 | The hotel will **provide** guests with shampoo and toothbrushes.
호텔은 손님들에게 샴푸와 칫솔을 제공할 것이다. |

| □ **recognize** 52
[rékəgnàiz] | 통 알아보다
통 인정하다
멸 recognition 명 알아봄, 인식 | I don't **recognize** anyone at this event.
이 행사에서 아무도 못 알아보겠어.

recognize the difference between them
그들 사이의 차이를 인정하다 |

| □ **remain** 53
[riméin] | 통 남다, 머무르다
멸 remaining 형 남아 있는 | The accident **remains** a mystery.
그 사고는 수수께끼로 남아 있다. |

| □ **available** 54
[əvéiləbl] | 형 이용[구입] 가능한 | This book won't be **available** until next week.
이 책은 다음 주까지는 살 수 없을 것이다. |

| □ **global** 55
[glóubəl] | 형 세계적인, 지구의
멸 globe 명 지구 | Computers are developing a new, **global** economy.
컴퓨터가 세계적인 새로운 경제를 발전시키고 있다. |

| □ **local** 56
[lóukəl] | 형 현지의, 지역의
명 현지인 | **local** people 현지인
I met many **locals** while I was traveling.
나는 여행하는 동안 많은 현지인들을 만났다. |

| □ **usual** 57
[júːʒuəl] | 형 평소의, 보통의 | as **usual** 평소처럼
We started the meeting at the **usual** time.
우리는 평소와 같은 시간에 회의를 시작했다. |

| □ **whole** 58
[houl] | 형 전체의, 모든
명 전체 | The **whole** pie was covered in cream.
파이 전체가 크림으로 덮여 있었다.

I love this book series as a **whole**.
나는 이 책 시리즈 전체가 좋다. |

| □ **perfectly** 59
[pə́ːrfiktli] | 부 완벽하게, 완전히
멸 perfect 형 완벽한, 완전한 | The bread was baked **perfectly**.
빵이 완벽하게 구워졌다. |

| □ **regularly** 60
[régjulərli] | 부 정기적으로, 규칙적으로
멸 regular 형 정기적인, 규칙적인 | They meet **regularly**, once a month.
그들은 한 달에 한 번 정기적으로 만난다. |

| Voca Up | 형용사 + -ly |

형용사에 -ly를 붙이면 부사가 되는 경우가 많다.

EX. perfect(완벽한) + ly = perfectly(완벽하게)   regular(정기적인) + ly = regularly(정기적으로)
slow(느린) + ly = slowly(느리게)   quick(빠른) + ly = quickly(빠르게)

EXERCISE

정답 pp.170~176

A 빈칸에 알맞은 말을 넣어 어구를 완성하세요.

1 an amazing _____ (놀라운 기사)

2 the _____ of the restaurant (식당의 관리자)

3 a huge _____ (대단한 영광)

4 my _____ to this topic (이 주제에 대한 내 접근법)

5 a new, _____ economy (새로운 세계적 경제)

B 우리말을 참고하여 문장 속에 알맞은 단어를 써 넣으세요.

1 What kind of _____ did you use to make this table?
(이 테이블을 만드는 데 어떤 재료를 사용했나요?)

2 Do you know who _____ it first?
(누가 처음에 그것을 발명했는지 알아?)

3 I don't _____ anyone at this event. (이 행사에서 아무도 못 알아보겠어.)

4 The accident _____ a mystery. (그 사고는 수수께끼로 남아 있다.)

5 They meet _____, once a month.
(그들은 한 달에 한 번 정기적으로 만난다.)

C 우리말과 같은 뜻이 되도록 괄호 안의 단어를 배열하세요.

1 그들은 계속해서 범죄와 싸울 것이다. (will, fight, to, they, crime, continue)
→ _____

2 이 책은 다음 주까지는 살 수 없을 것이다.
(available, this book, won't, until next week, be)
→ _____

3 우리는 평소와 같은 시간에 회의를 시작했다.

(started, at, we, the usual time, the meeting)

→ _____

4 파이 전체가 크림으로 덮여 있었다. (pie, covered, the whole, in cream, was)

→ _____

D 단어와 영어 뜻을 연결하세요. 영영풀이

1 passenger ·   · ⓐ to keep doing something without stopping

2 continue ·   · ⓑ to give someone something that they need

3 perform ·   · ⓒ a person riding in a car, bus, train, etc.

4 provide ·   · ⓓ to entertain people by singing, acting or
                                     playing music

E 영어 단어를 듣고 받아 적은 후 그 단어의 뜻을 쓰세요. 받아쓰기 🎧

	English	Korean		English	Korean
1			11		
2			12		
3			13		
4			14		
5			15		
6			16		
7			17		
8			18		
9			19		
10			20		

□ area [61] [ɛ́əriə]	명 지역 명 분야	This **area** is very hot and rainy. 이 지역은 매우 덥고 비가 많이 온다. an **area** of science 과학 분야
□ cancer [62] [kǽnsər]	명 암, 악성 종양	My grandmother is fighting **cancer**. 우리 할머니는 암 투병 중이시다.
□ death [63] [deθ]	명 죽음, 사망 ⊕ die 동 죽다 dead 형 죽은	The **death** of a friend is very painful. 친구의 죽음은 매우 고통스러운 일이다.
□ image [64] [ímidʒ]	명 이미지, 인상, 영상	I tried to change my **image**. 나는 내 이미지를 바꾸려고 노력했다.
□ location [65] [loukéiʃən]	명 위치, 장소	We decided the new **location** for our supermarket. 우리는 슈퍼마켓을 할 새로운 장소를 결정했다.
□ position [66] [pəzíʃən]	명 자세 명 입장 명 위치 명 자리, 직위	This yoga **position** is very difficult. 이 요가 자세는 아주 어렵다. if I were in your **position** 내가 네 입장이라면 the present **position** 현재 위치 I applied for the **position** of manager. 나는 관리자 자리에 지원했다.
□ deal [67] [di:l] (dealt - dealt)	명 거래, 계약 동 다루다, 처리하다	make a **deal** 거래를 맺다 She **deals** with customer questions all day long. 그녀는 하루 종일 고객의 질문을 처리한다.
□ influence [68] [ínfluəns]	명 영향(력) 동 ~에게 영향을 주다	He had great **influence** in the town. 그는 마을에서 대단한 영향력이 있었다. The author **influenced** many people's opinions. 그 작가는 많은 사람들의 의견에 영향을 줬다.
□ progress [69] 명 [prágres] 동 [prəgrés]	명 진전, 발전 동 진행되다, 나아가다	make **progress** 진전하다 They will **progress** to the next level after passing this test. 그들은 이 시험에 합격하면 다음 단계로 나아갈 것이다.
□ support [70] [səpɔ́:rt]	명 지지, 지원 동 지지하다, 지원하다	His parents gave him a lot of financial **support**. 그의 부모님은 그에게 많은 금전적 지원을 해주셨다. Many people **support** the plans. 많은 사람들이 그 계획을 지지한다.

☐ **spread** [71] [spred] (spread - spread)	몡 확산, 퍼짐 통 퍼지다, ~을 퍼뜨리다	the rapid **spread** of cholera in Asia 아시아에서 콜레라의 빠른 확산 The rain will **spread** across the nation. 비가 전국으로 확산될 것이다.
☐ **arrange** [72] [əréindʒ]	통 준비를 해놓다 통 배열하다 ⑩ arrangement 몡 준비, 배열	Who will **arrange** the party? 누가 파티를 준비할 건가요? Please **arrange** these books in order. 이 책들을 순서대로 배열해 주세요.
☐ **decorate** [73] [dékərèit]	통 장식하다, 꾸미다 ⑩ decoration 몡 장식	She likes to **decorate** her home with flowers. 그녀는 꽃으로 집을 장식하기를 좋아한다.
☐ **require** [74] [rikwáiər]	통 필요로 하다 통 (법으로) 규정하다 ⑩ requirement 몡 필요물, 요구량	This soup recipe **requires** carrots and potatoes. 이 수프의 조리법은 당근과 감자를 필요로 한다. You're **required** to fasten your seat belt. 안전벨트를 착용할 것으로 규정한다.
☐ **alive** [75] [əláiv]	혱 살아 있는 혱 생기 넘치는	You were lucky to be **alive** after the crash. 네가 그 충돌 사고 후에 살아 있는 건 운이 좋았다. **alive** with laughter 웃음으로 생기 넘치는
☐ **disappointed** [dìsəpɔ́intid] [76]	혱 실망한, 낙담한 ⑩ disappointment 몡 실망	She looked **disappointed** after hearing the news. 그녀는 그 소식을 듣고 실망한 듯 보였다.
☐ **original** [77] [ərídʒənl]	혱 원래의 혱 독창적인	She was the **original** owner of the bike. 그녀는 그 자전거의 원래 주인이었다. The music was not very **original**. 그 음악은 그다지 독창적이지 않았다.
☐ **rude** [78] [ru:d]	혱 무례한, 거친 ⑩ rudeness 몡 무례함 ⑩ polite 혱 예의 바른	Don't be **rude** to your uncle. 삼촌께 무례하게 굴지 마라.
☐ **abroad** [79] [əbrɔ́:d]	뷔 해외에(서), 외국에(서)	He saved up his money to travel **abroad**. 그는 해외 여행을 하려고 돈을 모았다.
☐ **afterward** [80] [ǽftərwərd]	뷔 그 후에, 나중에	He will finish the chores **afterward**. 그는 집안일을 나중에 끝낼 것이다.

Voca Up	동사 + -ment

동사에 -ment를 붙이면 명사가 되는 경우가 많다.

EX. arrange(배열하다)＋ment = arrangement(배열) / require(요구하다)＋ment = requirement(요구)
disappoint(실망시키다)＋ment = disappointment(실망) / pay(지불하다)＋ment = payment(지불)

EXERCISE

정답 pp.170~176

A 빈칸에 알맞은 말을 넣어 어구를 완성하세요.

1 great _____ (대단한 영향력)

2 the _____ of a friend (친구의 죽음)

3 this yoga _____ (이 요가 자세)

4 make a _____ (거래를 맺다)

5 make _____ (진전하다)

B 우리말을 참고하여 문장 속에 알맞은 단어를 써 넣으세요.

1 His parents gave him a lot of financial _____.
(그의 부모님은 그에게 많은 금전적 지원을 해주셨다.)

2 She likes to _____ her home with flowers.
(그녀는 꽃으로 집을 장식하기를 좋아한다.)

3 This soup recipe _____ carrots and potatoes.
(이 수프의 조리법은 당근과 감자를 필요로 한다.)

4 The rain will _____ across the nation. (비가 전국으로 확산될 것이다.)

5 You were lucky to be _____ after the crash.
(네가 그 충돌 사고 후에 살아 있는 건 운이 좋았다.)

C 우리말과 같은 뜻이 되도록 괄호 안의 단어를 배열하세요.

1 우리 할머니는 암 투병 중이시다.
(fighting, my grandmother, cancer, is)
→ _____

2 그녀는 하루 종일 고객의 질문을 처리한다.
(customer questions, deals, she, all day long, with)
→ _____

3 그 작가는 많은 사람들의 의견에 영향을 줬다.

(influenced, opinions, the author, many people's)

→ _____

4 그녀는 그 소식을 듣고 실망한 듯 보였다.

(disappointed, hearing, she, after, the news, looked)

→ _____

D 단어와 영어 뜻을 연결하세요. 영영풀이

1 support ·   · ⓐ to help someone emotionally or practically

2 arrange ·   · ⓑ to plan or prepare for something

3 rude   ·   · ⓒ in or to a foreign country

4 abroad   ·   · ⓓ speaking or behaving in a way that is not
                              polite

E 영어 단어를 듣고 받아 적은 후 그 단어의 뜻을 쓰세요. 받아쓰기 🎧

	English	Korean		English	Korean
1			11		
2			12		
3			13		
4			14		
5			15		
6			16		
7			17		
8			18		
9			19		
10			20		

DAY 05

| □ career ⁸¹ [kəríər] | 명 경력, 직업 | I plan to have a **career** as a musician someday. 나는 언젠가 음악가로서 직업을 갖고자 한다. |

□ **career** ⁸¹
[kəríər]
몡 경력, 직업
I plan to have a **career** as a musician someday. 나는 언젠가 음악가로서 직업을 갖고자 한다.

□ **decision** ⁸²
[disíʒən]
몡 결정, 판결
❷ decide 통 결정하다
He made a **decision** to move to Chicago.
그는 시카고로 이사하기로 결정했다.
a big **decision** 중요한 결정

□ **effort** ⁸³
[éfərt]
몡 노력, 수고
They made a big **effort** to raise money for charity.
그들은 자선단체에 보낼 돈을 모금하고자 큰 노력을 했다.

□ **president** ⁸⁴
[prézidənt]
몡 대통령
몡 회장
The boy wants to be a **president** in the future. 그 소년은 장래에 대통령이 되고 싶어 한다.
He has been the **president** of this organization for over twenty years.
그는 20년 넘게 이 조직의 회장이었다.

□ **region** ⁸⁵
[ríːdʒən]
몡 지역, 지방
This **region** of France is famous for its sheep cheeses.
프랑스의 이 지역은 양고기 치즈로 유명하다.

□ **object** ⁸⁶
몡 [ábdʒikt]
통 [əbdʒékt]
몡 물체
몡 목적
몡 대상
통 반대하다
What is this strange **object** in the case?
상자에 있는 이 이상한 물건이 뭐야?
the **object** of my visit 나의 방문 목적
objects of this survey 이 조사의 대상
No one **objected** to the decision.
아무도 그 결정에 반대하지 않았다.

□ **experiment** ⁸⁷
[ikspérəmənt]
몡 실험, 시도
통 실험하다, 시도하다
do[conduct] an **experiment** 실험을 하다
Scientists often **experiment** on mice.
과학자들은 종종 쥐를 가지고 실험을 한다.

□ **rise** ⁸⁸
[raiz]
(rose - risen)
몡 상승, 인상
통 증가하다, 오르다
price **rises** of about 3% 약 3퍼센트의 물가 상승
The price of fish **rose** recently.
최근 생선 가격이 올랐다.

□ **confuse** ⁸⁹
[kənfjúːz]
통 혼란스럽게 하다
통 혼동하다
❷ confusion 몡 혼란, 혼동
He seemed very **confused** with the math lesson.
그는 수학 수업에 대해 매우 혼란스러워하는 것 같았다.
Some people may **confuse** the two products.
어떤 사람들은 두 제품을 혼동할 수도 있다.

□ **disagree** ⁹⁰
[dìsəgríː]
통 동의하지 않다
❷ disagreement 몡 의견 차이
The players **disagree** about strategy for the next game.
선수들은 다음 경기의 전략에 대해 동의하지 않는다.

□ **hide** [91] [haid]	통 숨다, 감추다 ⑦ conceal	The cats **hide** under the chair when people visit. 그 고양이들은 사람들이 찾아오면 의자 밑에 숨는다.
□ **observe** [92] [əbzə́:rv]	통 관찰하다 통 준수하다 ⑪ observation 형 관찰, 준수	They **observed** the children's behavior. 그들은 그 아이들의 행동을 관찰했다. Many countries **observe** an independence day. 많은 나라들이 독립기념일을 준수한다.
□ **prevent** [93] [privént]	통 막다, 방지하다 ⑪ prevention 형 방지	We can **prevent** illness by washing our hands. 우리는 손을 씻음으로써 병을 예방할 수 있다.
□ **recommend** [94] [rèkəménd]	통 추천하다, 권하다 ⑪ recommendation 형 추천	Can you **recommend** a good hair stylist? 괜찮은 미용사를 추천해 주시겠어요? highly **recommend** 강력히 추천하다
□ **calm** [95] [kɑ:m]	형 침착한, 차분한 통 진정시키다, 진정하다	The performers looked very **calm**. 공연자들은 매우 침착해 보였다. Please, **calm** down. 진정하세요.
□ **certain** [96] [sə́:rtən]	형 확실한 형 특정한, 어떤 ⑪ certainly 부 확실하게	I am **certain** that this is my cup. 이게 내 컵이란 게 확실해. **Certain** people in this room dislike the music. 이 방에 있는 어떤 사람들은 그 음악을 싫어한다.
□ **empty** [97] [émpti]	형 비어 있는 통 비우다	The closet was **empty**. 벽장이 비어 있었다. Please **empty** the trash can on your way out. 나가는 길에 휴지통 좀 비워주세요.
□ **honest** [98] [ánist]	형 정직한, 솔직한 ⑪ honestly 부 정직하게	She is very **honest** with her parents. 그녀는 부모님에게 아주 정직하다. to be **honest** 솔직히 말해서
□ **badly** [99] [bǽdli]	부 나쁘게 부 심하게	I did **badly** in the math exam. 나는 수학 시험을 잘 못 봤다. Many people were **badly** hurt in the explosion. 많은 사람들이 폭발 사고에서 심하게 다쳤다.
□ **unfortunately** [100] [ʌnfɔ́:rtʃ ə nitli]	부 불행히도, 안타깝게도	**Unfortunately**, the concert was cancelled. 안타깝게도 콘서트가 취소됐다.

Voca Up　　　　**동사 + -(at)ion**

동사에 -(at)ion를 붙이면 명사가 되는 경우가 많다. 이때, 동사 끝의 -e는 탈락된다.

EX. recommend(추천하다)＋ation = recommendation(추천)

observe(관찰하다)＋ation = observation(관찰)

prevent(방지하다)＋ion = prevention(방지)　confuse(혼란스럽게 하다)＋ion = confusion(혼란)

EXERCISE

정답 pp.170~176

A 빈칸에 알맞은 말을 넣어 어구를 완성하세요.

1 a big _____ to raise money (돈을 모금하고자 하는 큰 노력)

2 the _____ of this organization (이 조직의 회장)

3 this _____ of France (프랑스의 이 지역)

4 this strange _____ (이 이상한 물건)

5 _____ people in this room (이 방에 있는 어떤 사람들)

B 우리말을 참고하여 문장 속에 알맞은 단어를 써 넣으세요.

1 The price of fish _____ recently. (최근 생선 가격이 올랐다.)

2 The players _____ about strategy for the next game.
(선수들은 다음 게임의 전략에 대해 동의하지 않는다.)

3 Many countries _____ an independence day.
(많은 나라들이 독립기념일을 준수한다.)

4 The performers looked very _____. (공연자들은 매우 침착해 보였다.)

5 Many people were _____ hurt in the explosion.
(많은 사람들이 폭발 사고에서 심하게 다쳤다.)

C 우리말과 같은 뜻이 되도록 괄호 안의 단어를 배열하세요.

1 그는 시카고로 이사하기로 결정했다. (made, to move, he, to Chicago, a decision)
→ _____

2 그는 수학 수업에 대해 매우 혼란스러워하는 것 같았다.
(seemed, the math lesson, very confused, he, with)
→ _____

3 우리는 손을 씻음으로써 병을 예방할 수 있다.

(illness, by washing, can, we, our hands, prevent)

→ _____

4 괜찮은 미용사를 추천해 주시겠어요? (you, hair stylist, can, a good, recommend)

→ _____

D 단어와 영어 뜻을 연결하세요. 영영풀이

1 rise ·

2 confuse ·

3 prevent ·

4 calm ·

· ⓐ peaceful, quiet or relaxed

· ⓑ to mix up someone's mind or ideas

· ⓒ an increase in an amount, a number or a level

· ⓓ to stop something from happening or someone from doing something

E 영어 단어를 듣고 받아 적은 후 그 단어의 뜻을 쓰세요. 받아쓰기 🎧

English	Korean	English	Korean
1		11	
2		12	
3		13	
4		14	
5		15	
6		16	
7		17	
8		18	
9		19	
10		20	

DAY 06

MP3

□ century 101
[séntʃəri]
명 세기, 100년
The building was built in the 18th **century**.
그 건물은 18세기에 지어졌다.

□ emotion 102
[imóuʃən]
명 감정, 기분
⊕ emotional 형 감정적인
Her voice was filled with **emotion** as she sang.
그녀가 노래할 때 그녀의 목소리는 감정으로 가득 차 있었다.

□ incident 103
[ínsidənt]
명 사건, 사고
The **incident** caused many people to leave the party. 그 사건은 많은 사람들이 파티를 떠나게 만들었다.

□ invention 104
[invénʃən]
명 발명품, 발명
⊕ invent 동 발명하다
She came up with many wonderful **inventions**. 그녀는 많은 놀라운 발명품들을 생각해냈다.

□ personality 105
[pə̀rsənǽləti]
명 성격, 인성
This book has tips to improve your **personality**.
이 책은 당신의 성격을 개선시켜 줄 조언들을 담고 있다.

□ wallet 106
[wálit]
명 지갑
I keep cards and bills in my **wallet**.
나는 카드와 지폐를 지갑에 담고 다닌다.

□ attack 107
[ətǽk]
명 공격
동 공격하다
start an **attack** 공격을 개시하다
The elephant will not **attack** anyone.
그 코끼리는 아무도 공격하지 않을 것이다.

□ fear 108
[fiər]
명 공포, 두려움
동 두려워하다, 걱정하다
the **fear** of failure 실패에 대한 두려움
The child **fears** dogs and ghosts.
그 아이는 개와 귀신을 무서워한다.

□ discover 109
[diskʌ́vər]
동 발견하다
⊕ discovery 명 발견
Scientists **discovered** a new type of mammal in South America.
과학자들은 남미에서 새로운 종류의 포유류를 발견했다.

□ disappoint 110
[dìsəpóint]
동 실망시키다
⊕ disappointment 명 실망
I didn't want to **disappoint** you.
당신을 실망시키고 싶지 않았어요.

□ embarrass 111
[imbǽrəs]
동 당황하게 하다, 난처하게 하다
⊕ embarrassment 명 당황
Please don't **embarrass** me in front of my friends. 제 친구들 앞에서 저를 난처하게 하지 마세요.

□ **explore** [112] [iksplɔ́:r]	통 탐험하다, 탐구하다	Magellan **explored** many parts of the world. 마젤란은 세계 여러 곳을 탐험했다.
□ **remind** [113] [rimáind]	통 상기시키다, 생각나게 하다	Please **remind** your children to work on their projects. 아이들이 프로젝트를 하도록 상기시켜 주세요. He **reminds** me of my father. 그는 내게 아버지를 생각나게 한다.
□ **survive** [114] [sərváiv]	통 살아남다, 극복하다 몡 survival 뎽 생존	Her husband **survived** the war. 그녀의 남편은 전쟁에서 살아남았다.
□ **electric** [115] [iléktrik]	뎽 전기의	I received an **electric** guitar as a present. 나는 선물로 전기 기타를 받았다. the **electric** bill 전기 요금 고지서
□ **sticky** [116] [stíki]	뎽 끈적거리는 뎽 무더운	The spilled juice made the whole table **sticky**. 엎질러진 주스가 탁자 전체를 끈적거리게 만들었다. It was **sticky** so I changed my clothes. 날이 무더워서 나는 옷을 갈아입었다.
□ **personal** [117] [pɔ́rsənəl]	뎽 개인의, 사적인 몡 person 뎽 개인 personally 뷘 개인적으로	Please don't share this **personal** information with anyone. 이 개인 정보를 누구와도 공유하지 마세요.
□ **central** [118] [séntrəl]	뎽 중앙의, 중심의	The park is in a **central** location. 그 공원은 중심 지역에 있다. play a **central** role 중심 역할을 하다
□ **apart** [119] [əpá:rt]	뷘 떨어져서	His house and mine are two kilometers **apart**. 그의 집과 우리 집은 2킬로미터 떨어져 있다.
□ **though** [120] [ðou]	뷘 그래도, 그렇지만 쩝 비록 ~일지라도	This movie is too scary for me, **though**. 이 영화는 그래도 내겐 너무 무서워. She wanted to go alone, **though** it might be dangerous. 위험할지도 모르지만 그녀는 혼자 가길 원했다.

Voca Up	disappoint, embarrass

disappoint와 embarrass는 타동사로서 각각 '실망시키다', '당황하게 하다'의 뜻이다. 따라서, '실망하다', 당황하다'는 수동태로 be disappointed, be embarrassed로 써야 한다. 이런 류의 동사로는 confuse/be confused(혼동시키다/혼동하다), interest/be interested(흥미를 갖게 하다/흥미를 갖다), surprise/be surprised(놀라게 하다/놀라다) 등이 있다.

EXERCISE

정답 pp.170~176

A 빈칸에 알맞은 말을 넣어 어구를 완성하세요.

1 start an _____ (공격을 개시하다)

2 the _____ of failure (실패에 대한 두려움)

3 an _____ guitar (전기 기타)

4 this _____ information (이 개인 정보)

5 play a _____ role (중심 역할을 하다)

B 우리말을 참고하여 문장 속에 알맞은 단어를 써 넣으세요.

1 The building was built in the 18th _____.
(그 건물은 18세기에 지어졌다.)

2 Her voice was filled with _____ as she sang.
(그녀가 노래할 때 그녀의 목소리는 감정으로 가득 차 있었다.)

3 This book has tips to improve your _____.
(이 책은 당신의 성격을 개선시켜 줄 조언들을 담고 있다.)

4 Please _____ your children to work on their projects.
(아이들이 프로젝트를 하도록 상기시켜 주세요.)

5 The spilled juice made the whole table _____.
(엎질러진 주스가 테이블 전체를 끈적거리게 만들었다.)

C 우리말과 같은 뜻이 되도록 괄호 안의 단어를 배열하세요.

1 당신을 실망시키고 싶지 않았어요. (want, I, you, to, disappoint, didn't)
→ _____

2 그녀의 남편은 전쟁에서 살아남았다. (the war, her husband, survived)
→ _____

3 제 친구들 앞에서 저를 당황시키지 마세요.

(me, my friends, embarrass, in front of, please don't)

→ _____

4 그의 집과 우리 집은 2킬로미터 떨어져 있다.

(mine, two kilometers, are, his house, apart, and)

→ _____

D 단어와 영어 뜻을 연결하세요. 영영풀이

1 incident ·

2 invention ·

3 discover ·

4 explore ·

· ⓐ to find something for the first time

· ⓑ an event that is unpleasant or unusual

· ⓒ to travel around a place to learn about it

· ⓓ something that has never been made before

E 영어 단어를 듣고 받아 적은 후 그 단어의 뜻을 쓰세요. 받아쓰기 🎧

English	Korean	English	Korean
1		11	
2		12	
3		13	
4		14	
5		15	
6		16	
7		17	
8		18	
9		19	
10		20	

MP3

☐ ceremony [sérəmòuni] 121	몡 의식, 의례	We went to his graduation **ceremony**. 우리는 그의 졸업식에 갔다.
☐ emergency [imə́:rdʒənsi] 122	몡 긴급 상황, 비상사태	He stayed calm in an **emergency**. 그는 긴급 상황에서 침착함을 유지했다. **in case of emergency** 비상시에
☐ patient [péiʃənt] 123	몡 환자 혱 참을성이 있는, 끈기 있는 patience 몡 참을성	My grandfather is a **patient** at that hospital. 우리 할아버지는 저 병원 환자시다. The teacher was very **patient** with the children. 그 교사는 아이들에 대해 참을성이 많았다.
☐ response [rispáns] 124	몡 반응, 대답 respond 동 반응하다, 대답하다	I didn't get any **response** from them. 나는 그들에게 아무 대답을 듣지 못했다. **in response to** ~에 답하여
☐ success [səksés] 125	몡 성공 successful 혱 성공적인 failure 몡 실패	Some people measure **success** in money. 어떤 사람들은 성공을 돈으로 측정한다.
☐ wealth [welθ] 126	몡 부, 재산	He tends to hide his **wealth**. 그는 자신의 부를 숨기는 경향이 있다.
☐ damage [dǽmidʒ] 127	몡 피해, 손상 동 피해를 입히다	How much **damage** does your car have after the accident? 사고 후에 당신의 차는 피해가 어느 정도인가요? The storm **damaged** a lot of homes. 그 폭풍우는 많은 가옥에 피해를 입혔다.
☐ sense [sens] 128	몡 감각 몡 의미 동 느끼다, 감지하다	He has a good **sense** of humor. 그는 유머 감각이 좋다. **in some sense** 어떤 의미에서 She **sensed** that he wanted to leave. 그녀는 그가 떠나고 싶어 한다는 것을 느꼈다.
☐ treasure [tréʒər] 129	몡 보물 동 소중히 여기다	This old statue is now a national **treasure**. 이 오래된 조각상은 현재 국보이다. I **treasure** the time I spend with my family. 나는 가족과 함께 보내는 시간을 소중히 여긴다.
☐ advertise [ǽdvərtàiz] 130	동 광고하다, 홍보하다 advertisement 몡 광고, 홍보	The restaurant **advertised** the new menu. 그 식당은 새로운 메뉴를 홍보했다.

| □ **appreciate** [131] [əpríːʃièit] | 통 고마워하다
통 (가치 등을) 인정하다
● appreciation 명 감사, 인식 | She really **appreciates** her mother's help.
그녀는 엄마의 도움을 무척 고마워한다.
He invited people who **appreciate** fine wines. 그는 좋은 와인의 가치를 아는 사람들을 초대했다. |

| □ **compare** [132] [kəmpέər] | 통 비교하다, 견주다
● comparison 명 비교 | Let's **compare** prices at a few stores.
몇 개 가게에서 가격을 비교해보자.
compare A with B A를 B와 비교하다 |

| □ **divide** [133] [diváid] | 통 나누다, 분리하다
● division 명 분할, 배분 | We **divided** the pizza into ten slices.
우리는 피자를 열 조각으로 나눴다. |

| □ **encourage** [134] [inkə́ːridʒ] | 통 격려하다, 권하다
● discourage 통 단념시키다, 기를 꺾다 | My mom **encourages** us to follow our dreams. 우리 엄마는 우리에게 꿈을 좇으라고 격려하신다. |

| □ **release** [135] [rilíːs] | 통 풀어주다
통 공개하다, 발표하다
명 석방, 발매, 개봉 | He was **released** from prison in April.
그는 4월에 감옥에서 석방됐다.
They didn't **release** any details of the incident. 그들은 사건의 세부 사항은 전혀 공개하지 않았다.
The album is scheduled for **release** next month. 그 앨범은 다음 달 발매 예정이다. |

| □ **official** [136] [əfíʃəl] | 형 공식적인
명 관리, 임원 | Be careful with these **official** documents.
이 공식 문서들에 주의하세요.
Her father was a government **official**.
그녀의 아버지는 정부 관리였다. |

| □ **poisonous** [137] [pɔ́izənəs] | 형 독성의, 유해한
● poison 명 독 | Watch out for **poisonous** mushrooms in the forest. 숲에 있는 독버섯을 주의하세요. |

| □ **potential** [138] [pəténʃəl] | 형 잠재적인, 가능성 있는
명 잠재력, 가능성 | It is important to find out **potential** problems. 잠재적인 문제점들을 발견하는 것이 중요하다.
a singer with **potential** 잠재력이 있는 가수 |

| □ **clearly** [139] [klíərli] | 부 분명하게, 명확하게 | She **clearly** saw the mountain in the distance. 그녀는 멀리 있는 산을 분명히 보았다. |

| □ **simply** [140] [símpli] | 부 간단하게, 단순하게 | These instructions are written very **simply**.
이 설명서는 아주 간단하게 쓰여 있다. |

Voca Up   *sense*

sense는 '감각'의 뜻으로, a sense of humor(유머 감각), a sense of direction(방향 감각), a sense of justice(정의감), business sense(사업 감각), fashion sense(패션 감각) 등을 표현한다. 또, 오감(五感)은 the sense of smell/taste/touch/sight/hearing(후각/미각/촉각/시각/청각)으로 표현한다.

EXERCISE

정답 pp.170~176

A 빈칸에 알맞은 말을 넣어 어구를 완성하세요.

1 the graduation _____ (졸업식)

2 a national _____ (국보)

3 _____ documents (공식 문서들)

4 _____ mushrooms (독버섯)

5 _____ problems (잠재적인 문제점들)

B 우리말을 참고하여 문장 속에 알맞은 단어를 써 넣으세요.

1 How much _____ does your car have after the accident?
(사고 후에 당신의 차는 피해가 어느 정도인가요?)

2 The restaurant _____ the new menu.
(그 식당은 새로운 메뉴를 홍보했다.)

3 My mom _____ us to follow our dreams.
(우리 엄마는 우리에게 꿈을 좇으라고 격려하신다.)

4 Her father was a government _____ .
(그녀의 아버지는 정부 관리였다.)

5 These instructions are written very _____ .
(이 설명서는 아주 간단하게 쓰여 있다.)

C 우리말과 같은 뜻이 되도록 괄호 안의 단어를 배열하세요.

1 그 교사는 어린 아이들에 대해 참을성이 많았다.
(was, with, the teacher, the children, very patient)
→ _____

2 그는 유머 감각이 좋다. (good, he, of humor, sense, has, a)
→ _____

3 몇 개 가게에서 가격을 비교해 보자. (prices, a few, let's, stores, at, compare)

→ _____

4 우리는 피자를 열 조각으로 나눴다. (the pizza, we, ten slices, into, divided)

→ _____

D 단어와 영어 뜻을 연결하세요. 영영풀이

1 emergency ·

· ⓐ to give freedom to someone or something

2 wealth ·

· ⓑ an unexpected and dangerous situation

3 appreciate ·

· ⓒ a large amount of money that someone has

4 release ·

· ⓓ to understand how good or useful something is

E 영어 단어를 듣고 받아 적은 후 그 단어의 뜻을 쓰세요. 받아쓰기 🎧

English	Korean	English	Korean
1		11	
2		12	
3		13	
4		14	
5		15	
6		16	
7		17	
8		18	
9		19	
10		20	

MP3

□ **advantage** 141
[ədvǽntidʒ]

명 유리한 점, 이점

Long legs give runners an **advantage**.
긴 다리는 주자들에게 유리하다.

□ **education** 142
[èdʒukéiʃən]

명 교육
🔵 educational 형 교육적인

Education is important for children.
교육은 아이들에게 중요하다.

□ **departure** 143
[dipáːrtʃər]

명 출발, 떠남
🔵 arrival 명 도착

My plane's **departure** is scheduled for 4:30 pm.
내 비행기의 출발은 오후 4시 30분으로 예정되어 있다.

□ **flight** 144
[flait]

명 비행(편), 항공편

My **flight** leaves London in three hours.
내 항공편은 3시간 후 런던을 떠난다.

□ **vision** 145
[víʒən]

명 시력
명 전망

My **vision** is getting worse as I get older.
나는 나이가 듦에 따라 시력이 더 나빠지고 있다.

a **vision** for economic growth
경제 성장에 대한 전망

□ **understanding**
[ʌndərstǽndiŋ] 146

명 이해, 지식
형 이해심이 있는
🔵 understand 동 이해하다

She was grateful for his **understanding**.
그녀는 그가 이해해 준 것이 감사했다.

He was very **understanding** of the student's difficulties.
그는 그 학생의 어려움에 대해 이해심이 많았다.

□ **flow** 147
[flou]

명 흐름, 유입
동 흐르다

flow of the water 물의 흐름
Many streams **flow** down this mountain.
여러 개의 시내가 이 산 아래로 흐른다.

□ **force** 148
[fɔːrs]

명 힘
명 군대
동 강제로 ~하게 하다

He hit the ball with great **force**.
그는 아주 세게 공을 쳤다.

the air **force** 공군

She **forced** her son to eat his vegetables.
그녀는 아들에게 강제로 채소를 먹게 했다.

□ **regret** 149
[rigrét]

명 후회, 유감
동 후회하다

She was full of **regret** about her failure.
그녀는 실패에 대해 후회에 가득 차 있었다.

I **regretted** eating the spicy pepper.
나는 매운 고추를 먹은 것을 후회했다.

□ **appear** 150
[əpíər]

동 ~처럼 보이다
동 나타나다
동 출연하다
🔵 appearance 명 출연, 나타남

It **appeared** to be real. 그것은 진짜처럼 보였다.

appear in my dream 내 꿈에 나타나다

The singer **appeared** on the TV show.
그 가수가 TV 프로에 출연했다.

☐ **apply** [151] [əplái] (applied - applied)	통 지원하다, 신청하다 통 적용되다	**apply** to a college[company] 대학[회사]에 지원하다 The discount **applies** to all products in the store. 할인은 상점 내 모든 상품에 적용된다.
☐ **connect** [152] [kənékt]	통 연결하다, 이어지다 명 connection 명 연결	This bridge will **connect** our city to your city. 이 다리는 우리 시를 당신의 시에 연결시켜 줄 것입니다.
☐ **destroy** [153] [distrɔ́i]	통 파괴하다, 망가뜨리다 명 destruction 명 파괴	The fire **destroyed** many miles of forest. 그 화재는 수 마일의 숲을 파괴했다.
☐ **imagine** [154] [imǽdʒin]	통 상상하다, 짐작하다 명 imagination 명 상상	He likes to **imagine** that he is Batman. 그는 자신이 배트맨이라고 상상하기를 좋아한다.
☐ **might** [155] [mait]	조 ~일[할]지도 모른다	We **might** order Chinese food tonight. 우리는 오늘 저녁 중국 음식을 시킬지도 모르겠다.
☐ **satisfy** [156] [sǽtisfài]	통 만족시키다, 충족시키다 명 satisfaction 명 만족	My grades didn't **satisfy** my father. 내 성적은 아버지를 만족시키지 못했다. **satisfy** a need 필요를 충족시키다
☐ **used to** [157] [juːsttə]	조 ~였다, ~하곤 했다	He **used to** cut his own hair. 그는 전에 자신의 머리를 직접 자르곤 했다.
☐ **economic** [158] [ìːkənámik]	형 경제의, 경제적인 명 economy 명 경제	Some people want the government to fix **economic** problems. 어떤 이들은 정부가 경제 문제를 해결해주기를 바란다.
☐ **professional** [159] [prəféʃənəl]	형 전문가의, 업무의, 프로의 명 프로, 숙련자	You need to get **professional** advice. 너는 전문가의 조언을 얻을 필요가 있다. She is so good that she must be a **professional**. 그녀는 너무 훌륭해서 프로임에 틀림 없다.
☐ **unfair** [160] [ʌnféər]	형 불공평한, 부당한 반 fair 형 공평한, 정당한	Molly thought the new rules were **unfair**. 몰리는 새 규칙들이 부당하다고 생각했다.

Voca Up	flight

flight은 '비행(편)', 항공편'의 의미로 plane 대신 여러 표현에서 쓰인다. book a flight(비행기 좌석을 예약하다), a connecting flight(연결 항공편), a domestic flight(국내 항공편), an international flight(국제 항공편), flight number(항공 편명) 등의 표현이 자주 쓰인다.

EXERCISE

정답 pp.170~176

A 빈칸에 알맞은 말을 넣어 어구를 완성하세요.

1 give an _____ (이점을 주다)

2 my plane's _____ (내 비행기의 출발)

3 the _____ of the water (물의 흐름)

4 fix _____ problems (경제 문제를 해결하다)

5 get _____ advice (전문가의 조언을 얻다)

B 우리말을 참고하여 문장 속에 알맞은 말을 써 넣으세요.

1 My _____ is getting worse as I get older.
(나는 나이가 듦에 따라 시력이 더 나빠지고 있다.)

2 She _____ her son to eat his vegetables.
(그녀는 아들에게 강제로 채소를 먹게 했다.)

3 The singer _____ on the TV show. (그 가수가 TV 프로에 출연했다.)

4 The fire _____ many miles of forest.
(그 화재는 수 마일의 숲을 파괴했다.)

5 He _____ _____ cut his own hair.
(그는 전에 자신의 머리를 직접 자르곤 했다.)

C 우리말과 같은 뜻이 되도록 괄호 안의 단어를 배열하세요.

1 내 항공편은 3시간 후 런던을 떠난다. (leaves, in, my flight, three hours, London)
→ _____

2 이 다리는 우리 시를 당신의 시에 연결시켜 줄 것입니다.
(will, to your city, this bridge, our city, connect)
→ _____

3 내 성적은 아버지를 만족시키지 못했다. (satisfy, my grades, my father, didn't)

→ _____

4 몰리는 새 규칙들이 부당하다고 생각했다. (the new rules, Molly, unfair, thought, were)

→ _____

D 단어와 영어 뜻을 연결하세요. 영영풀이

1 force ·

2 regret ·

3 destroy ·

4 unfair ·

· ⓐ not right or fair

· ⓑ to feel sad about your mistake

· ⓒ to make someone do something

· ⓓ to damage something so badly that it
    cannot be used

E 영어 단어를 듣고 받아 적은 후 그 단어의 뜻을 쓰세요. 받아쓰기 🎧

	English	Korean		English	Korean
1			11		
2			12		
3			13		
4			14		
5			15		
6			16		
7			17		
8			18		
9			19		
10			20		

| □ **billion** 161 [bíljən] | 몡 10억 ⊛ million 몡 백만 | There are **billions** of planets that could have life. 생명체가 있을 수도 있는 행성들이 수십억 개 있다. |

| □ **citizen** 162 [sítizən] | 몡 시민, 국민 | He is a **citizen** of both Canada and Korea. 그는 캐나다와 한국 양국의 시민이다. |

| □ **custom** 163 [kʌ́stəm] | 몡 관습, 관례 ⊛ customs 몡 (공항 등의) 세관 | Shaking hands is a **custom** in many countries. 악수를 하는 것은 많은 나라의 관습이다. |

| □ **direction** 164 [dirékʃən] | 몡 방향 몡 지시 | In which **direction** did the white rabbit go? 그 흰 토끼가 어느 방향으로 갔나요? I need some **direction** to finish this project. 나는 이 프로젝트를 끝내기 위해 지시사항이 필요하다. |

| □ **quality** 165 [kwáləti] | 몡 품질 몡 자질 혱 고급의 | of good[poor] **quality** 품질이 좋은[형편없는] an important **quality** of a leader 지도자의 중요한 자질 It is a good idea to buy one pair of **quality** shoes. 고급 신발을 하나 사는 것은 좋은 생각이야. |

| □ **suggestion** 166 [səʤéstʃən] | 몡 제안, 의견 ⊛ suggest 됭 제안하다 | I would like to hear your **suggestions** about my work. 제 일에 대한 당신 의견을 듣고 싶습니다. |

| □ **appeal** 167 [əpíːl] | 몡 호소, 간청 됭 호소하다, 간청하다 됭 흥미를 끌다 | I saw an **appeal** for help for typhoon victims on TV. 나는 TV에서 태풍 피해자들에 대한 도움을 호소하는 것을 보았다. She **appealed** to her parents to let her go to the party. 그녀는 부모님께 파티에 가게 해달라고 간청했다. The performance **appealed** to the audience. 공연은 청중의 흥미를 끌었다. |

| □ **increase** 168 몡 [ínkriːs] 됭 [inkríːs] | 몡 증가, 상승 됭 증가하다, 늘다 | an **increase** in gas prices 가스 가격의 상승 She **increased** my salary after seeing my hard work. 그녀는 나의 노고를 보고 내 월급을 올려줬다. |

| □ **pressure** 169 [préʃər] | 몡 압력 몡 압박, 스트레스 됭 압력을 가하다, 압박하다 | water **pressure** 수압 She was under a lot of **pressure** from her parents. 그녀는 부모님의 압력에 크게 시달리고 있었다. They **pressured** him to move out. 그들은 그에게 이사를 나가도록 압력을 가했다. |

| □ **affect** 170 [əfékt] | 됭 영향을 주다 | The kind letter **affected** her deeply. 그 친절한 편지는 그녀에게 깊은 영향을 주었다. |

☐ **argue** [171] [áːrgjuː]	동 주장하다 동 논쟁하다, 말다툼하다 🔵 argument 명 논쟁, 말다툼	**argue** logically 논리적으로 주장하다 The children **argued** over the toys. 아이들은 장난감을 두고 말다툼을 했다.
☐ **depend** [172] [dipénd]	동 의존하다 동 ~에 달려 있다	We **depend** on each other in hard times. 우리는 어려울 때 서로에게 의존한다. It **depends**. 상황에 달려 있다.
☐ **distinguish** [173] [distíŋgwiʃ]	동 구별하다, 구분하다	Color-blind people cannot **distinguish** between red and green. 색맹인 사람들은 붉은색과 녹색을 구분하지 못한다.
☐ **fit** [174] [fit] (fitted - fitted)	동 (들어)맞다, 알맞다 형 건강한, 체력이 좋은	Will this shirt **fit** you? 이 셔츠가 너한테 맞을까? As she is a dancer, she is very **fit**. 그녀는 무용수이기 때문에 체력이 아주 좋다.
☐ **pretend** [175] [priténd]	동 ~인 척하다, 가장하다	Don't **pretend** you don't know what I'm talking about. 내가 무슨 말을 하는지 모르는 척하지 마.
☐ **artificial** [176] [àːrtəfíʃəl]	형 인공의, 인위적인 🔴 natural 형 자연의, 자연적인	This year, we bought an **artificial** Christmas tree. 올해 우리는 인공 크리스마스트리를 샀다.
☐ **disabled** [177] [diséibld]	형 장애가 있는, 불구의	My older brother became **disabled** in the Iraq War. 우리 오빠는 이라크 전쟁에서 불구가 됐다.
☐ **enjoyable** [178] [indʒɔ́iəbl]	형 즐거운, 재미있는 🔵 enjoy 동 즐기다	Playing board games is very **enjoyable**. 보드 게임을 하는 것은 아주 즐겁다.
☐ **certainly** [179] [sə́ːrtənli]	부 분명히, 확실히 🔵 definitely	I **certainly** will not pay that amount! 분명 그 만큼의 돈은 내지 않겠어요! **Certainly.** 물론이지.
☐ **exactly** [180] [igzǽktli]	부 정확히 🔵 exact 형 정확한	There are **exactly** ten candies in this box. 이 박스에는 정확히 10개의 사탕이 있다.

Voca Up	disabled

'장애가 있는'의 뜻으로 가장 일반적으로 쓰이는 말은 disabled이다. 비슷한 표현으로 handicapped란 말도 있지만, 다소 구식 표현이며 disabled보다 무례하게 들린다. 가장 공손한 표현으로는 physically challenged란 말도 있다.

EXERCISE

정답 pp.170~176

A 빈칸에 알맞은 말을 넣어 어구를 완성하세요.

1 a _____ in many countries (많은 나라의 관습)

2 of good _____ (품질이 좋은)

3 an _____ for help (도움에 대한 호소)

4 an _____ in gas prices (가스 가격의 상승)

5 an _____ Christmas tree (인공 크리스마스트리)

B 우리말을 참고하여 문장 속에 알맞은 단어를 써 넣으세요.

1 She was under a lot of _____ from her parents.
(그녀는 부모님의 압력에 크게 시달리고 있었다.)

2 The children _____ over the toys.
(아이들은 장난감을 두고 말다툼을 했다.)

3 We _____ on each other in hard times.
(우리는 어려울 때 서로에게 의존한다.)

4 Will this shirt _____ you? (이 셔츠가 너한테 맞을까?)

5 There are _____ ten candies in this box.
(이 박스에는 정확히 10개의 사탕이 있다.)

C 우리말과 같은 뜻이 되도록 괄호 안의 단어를 배열하세요.

1 제 일에 대해 당신 의견을 듣고 싶습니다.
(would like to, my work, I, hear, about, your suggestions)
→ _____

2 그녀는 나의 노고를 보고 내 월급을 올려줬다.
(my salary, seeing, increased, after, she, my hard work)
→ _____

3 내가 무슨 말을 하는지 모르는 척하지 마.

(talking about, don't know, pretend, you, what I'm, don't)

→ _____

4 보드 게임을 하는 것은 아주 즐겁다. (is, playing, very, board games, enjoyable)

→ _____

D 단어와 영어 뜻을 연결하세요. 영영풀이

1 citizen   •

2 suggestion •

3 affect   •

4 distinguish •

• ⓐ an idea for somebody else

• ⓑ someone who lives in a particular town or country

• ⓒ to understand the difference between two things

• ⓓ to have an influence on someone or something

E 영어 단어를 듣고 받아 적은 후 그 단어의 뜻을 쓰세요. 받아쓰기 🎧

English	Korean	English	Korean
1		11	
2		12	
3		13	
4		14	
5		15	
6		16	
7		17	
8		18	
9		19	
10		20	

40일 완성
DAY 10

MP3

☐ **addition** 181 [ədíʃən]	명 추가 명 덧셈 add 동 추가하다	The **addition** of vanilla made the cake better. 바닐라를 추가하니 케이크가 더 나아졌다. **addition** and subtraction 덧셈과 뺄셈
☐ **climate** 182 [kláimit]	명 기후, 풍토	How is the **climate** in Indonesia? 인도네시아의 기후는 어떤가요?
☐ **combination** 183 [kàmbənéiʃən]	명 조합, 결합 combine 동 조합하다	Berries and chocolate are a tasty **combination**. 베리와 초콜릿은 맛이 좋은 조합이다.
☐ **decoration** 184 [dèkəréiʃən]	명 장식, 장식물 decorate 동 장식하다	There are many green, red and gold **decorations** for Christmas. 녹색, 빨간색, 금색의 크리스마스 장식물이 많이 있다.
☐ **distance** 185 [dístəns]	명 거리 distant 형 거리가 먼	There is a big **distance** between my house and the store. 우리 집과 그 가게 사이는 거리가 멀다.
☐ **pollution** 186 [pəlú:ʃən]	명 오염, 공해 polluted 형 오염된	The air **pollution** in China is very serious. 중국의 대기 오염은 매우 심각하다. water[soil] **pollution** 수질[토양] 오염
☐ **bother** 187 [báðər]	명 귀찮게 하는 것, 골칫거리 동 귀찮게 하다, 성가시게 하다	This homework is a **bother**. 이 숙제는 골칫거리이다. Don't **bother** your big sister. 큰 언니를 귀찮게 하지 마라.
☐ **reward** 188 [riwɔ́:rd]	명 상, 보상 동 상을 주다, 보상하다	He helps them without receiving any **reward**. 그는 보상을 전혀 받지 않고 그들을 돕는다. The company **rewarded** him with a bonus. 그 회사는 그에게 보너스를 주어 보상했다.
☐ **admire** 189 [ədmáiər]	동 존경하다 동 감탄하다	I **admire** people who try their best. 나는 최선을 다하는 사람들을 존경한다. They were **admiring** the view. 그들은 경치에 감탄하고 있었다.
☐ **attach** 190 [ətǽtʃ]	동 붙이다, 연결하다, 첨부하다 attachment 명 부속물, 첨부 파일	He **attached** the picture to the document. 그는 그 그림을 문서에 붙였다.

□ **attract** [191] [ətrǽkt]	통 (관심 등을) 끌다 통 매료시키다 🔁 attractive 형 매력적인	**attract** attention 주목을 끌다 Her beauty **attracted** me. 그녀의 아름다움은 나를 매료시켰다.
□ **combine** [192] [kəmbáin]	통 결합하다, 연합하다	He likes to **combine** fact and fiction in his stories. 그는 이야기에 사실과 허구를 결합시키기를 좋아한다.
□ **impress** [193] [imprés]	통 깊은 인상을 주다, 감동시키다 🔁 impressive 형 인상적인	He **impresses** everyone with his witty jokes. 그는 위트 있는 농담으로 모두에게 깊은 인상을 준다.
□ **prove** [194] [pru:v]	통 증명하다, 입증하다 🔁 proof 명 증거	She couldn't **prove** that she didn't commit the crime. 그녀는 죄를 짓지 않았다는 것을 증명할 수 없었다.
□ **grand** [195] [grænd]	형 웅장한, 성대한	The palace had a **grand** tower. 그 궁전에는 웅장한 탑이 있었다.
□ **illegal** [196] [ilíːɡəl]	형 불법의 🔁 legal 형 합법의	The police found **illegal** drugs on the travelers. 경찰은 여행객들에게서 불법 약물을 발견했다.
□ **native** [197] [néitiv]	형 모국의, 원주민의, 원산지의 명 현지인, 출신자	This is a **native** fruit on this island. 이것은 이 섬이 원산지인 과일이다. **Natives** welcomed visitors to the village. 현지인들은 마을의 방문자들을 환영했다.
□ **directly** [198] [diréktli]	부 직접적으로 부 곧바로	She asked to speak with him **directly**. 그녀는 그와 직접 얘기하기를 요청했다. I went **directly** to the hospital. 나는 곧바로 병원으로 갔다.
□ **terribly** [199] [térəbli]	부 매우 부 형편없이	It was **terribly** kind of you to bring me tea. 제게 차를 가져다 주시다니 정말 친절하셨어요. She plays the violin **terribly**. 그녀는 바이올린을 형편없이 연주한다.
□ **within** [200] [wiðín]	전 ~ 안에, ~ 이내에	We should leave **within** an hour. 우리는 한 시간 내로 떠나야 한다. **within** a week 일주일 내로

Voca Up	bother

bother는 '귀찮게 하다'의 뜻으로, 구어체에서 자주 쓰이는 말이다. 특히, 귀찮은 부탁을 하기 전에 "Sorry to bother you.(귀찮게 해서 죄송합니다만.)"라는 말이나, 상대가 귀찮은 일을 해주려고 하는 것을 사양할 때 "Don't bother.(그러실 필요 없습니다./괜찮습니다.)" 등이 자주 쓰인다.

EXERCISE

정답 pp.170~176

A 빈칸에 알맞은 말을 넣어 어구를 완성하세요.

1 the _____ in Indonesia (인도네시아의 기후)

2 a tasty _____ (맛 좋은 조합)

3 the air _____ in China (중국의 대기 오염)

4 a _____ tower (웅장한 탑)

5 _____ drugs (불법 약물)

B 우리말을 참고하여 문장 속에 알맞은 단어를 써 넣으세요.

1 There is a big _____ between my house and the store.
(우리 집과 그 가게 사이는 거리가 멀다.)

2 Don't _____ your big sister. (큰 언니를 귀찮게 하지 마라.)

3 He _____ everyone with his witty jokes.
(그는 위트 있는 농담으로 모두에게 깊은 인상을 준다.)

4 She couldn't _____ that she didn't commit the crime.
(그녀는 죄를 짓지 않았다는 것을 증명할 수 없었다.)

5 She plays the violin _____. (그녀는 바이올린을 형편없이 연주한다.)

C 우리말과 같은 뜻이 되도록 괄호 안의 단어를 배열하세요.

1 그 회사는 그에게 보너스를 주어 보상했다.
(him, a bonus, the company, with, rewarded)
→ _____

2 나는 최선을 다하는 사람들을 존경한다. (people, I, try, admire, who, their best)
→ _____

46

3 그는 그 그림을 문서에 붙였다. (the picture, he, to, attached, the document)

→ _____

4 이것은 이 섬이 원산지인 과일이다. (this island, is, on, a native fruit, this)

→ _____

D 단어와 영어 뜻을 연결하세요. 영영풀이

1 attach   ·

2 attract   ·

3 combine ·

4 grand   ·

· ⓐ to fasten, join or connect something

· ⓑ big and very impressive

· ⓒ to make someone interested in something

· ⓓ to join or mix together

E 영어 단어를 듣고 받아 적은 후 그 단어의 뜻을 쓰세요. 받아쓰기 🎧

	English	Korean		English	Korean
1			11		
2			12		
3			13		
4			14		
5			15		
6			16		
7			17		
8			18		
9			19		
10			20		

MP3

□ **attention** 201 [əténʃən]	명 주의, 집중, 관심	He asked for everybody's full **attention.** 그가 모두 잘 집중해 달라고 요청했다. pay **attention** (to~) (~에) 주의를 기울이다
□ **explanation** 202 [èksplənéiʃən]	명 설명, 해명 explain 동 설명하다	The teacher gave an **explanation** of the assignment. 선생님께서 과제에 대해 설명해 주셨다.
□ **horror** 203 [hɔ́(:)rər]	명 공포, 무서움	The **horror** of war is difficult for people to forget. 전쟁의 공포는 사람들이 잊기가 어렵다.
□ **law** 204 [lɔː]	명 법, 법률, 법칙	People get in trouble when they break the **law.** 사람들은 법을 어기면 문제가 생긴다.
□ **path** 205 [pæθ]	명 길 명 진로	We walked down a **path** to the river. 우리는 길을 따라 강 쪽으로 내려갔다. choose a different **path** 다른 진로를 택하다
□ **politics** 206 [pálətiks]	명 정치, 정계 politician 명 정치가	Don't talk about **politics** at the dinner table. 저녁 식사 자리에서 정치에 대해 얘기하지 마라.
□ **burst** 207 [bəːrst]	명 급증, 폭발 동 터지다, 터뜨리다	She had a sudden **burst** of energy. 그녀는 갑자기 에너지가 솟아났다. **burst** into tears 눈물을 터뜨리다
□ **delay** 208 [diléi]	명 지연, 늦어짐 동 미루다, 늦추다 postpone	The accident caused a **delay** of the trains. 그 사고로 인해 기차가 지연됐다. She **delayed** the trip by two days. 그녀는 여행을 이틀 미뤘다.
□ **alter** 209 [ɔ́ːltər]	동 변경하다 동 (옷을) 수선하다	They **altered** their original plans. 그들은 원래 계획을 변경했다. I will **alter** these big pants. 나는 이 큰 바지를 수선할 것이다.
□ **reflect** 210 [riflékt]	동 비추다, 반사하다 동 곰곰이 생각하다	The mountains were **reflected** in the water of the lake. 산이 호수의 물에 비춰졌다. She **reflected** on her happy memories. 그녀는 행복한 기억들에 대해 곰곰이 생각했다.
□ **represent** 211 [rèprizént]	동 대표하다 동 나타내다	She **represents** her district in the congress. 그녀는 의회에서 자신의 지역을 대표한다. The painting **represents** the universe. 그 그림은 우주를 나타내고 있다.

□ select [silékt] [212]	통 선택하다, 선발하다 파 selection 형 선택	Please **select** your size from the list. 목록에서 당신의 사이즈를 고르세요.
□ warn [wɔːrn] [213]	통 경고하다, 주의시키다 파 warning 형 경고, 주의	The sign **warned** hikers about falling rocks. 그 표지판은 등산객들에게 낙석에 대해 경고했다.
□ effective [iféktiv] [214]	형 효과적인, 효율적인 파 effect 형 효과	This stain remover is very **effective** in removing dark stains. 이 얼룩제거제는 짙은 얼룩을 제거하는 데 매우 효과적이다.
□ grateful [gréitfəl] [215]	형 감사하는, 고마운 유 thankful	They were **grateful** to her for her support. 그들은 그녀의 지원에 감사했다.
□ mad [mæd] [216]	형 화난, 정신이 나간	My sister was **mad** when I wore her clothes. 내 여동생은 내가 자기 옷을 입자 화가 났다. get **mad** 화가 나다
□ precious [préʃəs] [217]	형 귀중한, 소중한	My old photo albums are very **precious** to me. 내 오래된 사진 앨범은 내게 아주 소중하다.
□ valuable [væljuəbl] [218]	형 가치 있는, 유용한 형 값비싼 파 value 형 가치	He has many **valuable** ideas to share. 그는 공유할 유용한 아이디어들이 많다. This ring is very **valuable**. 이 반지는 아주 값비싸다.
□ gradually [grǽdʒəwəli] [219]	부 점차, 서서히	She **gradually** adjusted to the extreme weather. 그녀는 극한의 날씨에 점차 적응했다.
□ naturally [nǽtʃərəli] [220]	부 자연스럽게, 당연히 파 natural 형 자연스러운, 당연한	We **naturally** wanted to have both cake and pie. 우리는 당연히 케이크와 파이 모두를 원했다.

Voca Up　　　**precious와 valuable**

precious와 valuable은 뜻이 유사하다. 그러나 precious는 대체로 '(드물어서) 귀중한'의 뜻과 더불어 '소중히 여기는'의 뜻으로 많이 쓰인다. 반면, valuable은 대체로 '(유용해서) 가치가 높은', '값어치가 많이 나가는'의 뜻으로 쓰인다.

EX. precious metals 귀금속　　　　precious memories 소중한 추억
　　　valuable information 가치 있는 정보　　valuable jewelry 값비싼 보석

정답 pp.170~176

A 빈칸에 알맞은 말을 넣어 어구를 완성하세요.

1 give an _____ (설명을 하다)

2 the _____ of war (전쟁의 공포)

3 break the _____ (법을 어기다)

4 _____ into tears (눈물을 터뜨리다)

5 talk about _____ (정치에 대해 이야기하다)

B 우리말을 참고하여 문장 속에 알맞은 단어를 써 넣으세요.

1 He asked for everybody's full _____.
(그가 모두 잘 집중해 달라고 요청했다.)

2 We walked down a _____ to the river.
(우리는 길을 따라 강 쪽으로 내려갔다.)

3 She _____ the trip by two days. (그녀는 여행을 이틀 미뤘다.)

4 She _____ her district in the congress.
(그녀는 의회에서 자신의 지역을 대표한다.)

5 She _____ adjusted to the extreme weather.
(그녀는 극한의 날씨에 점차 적응했다.)

C 우리말과 같은 뜻이 되도록 괄호 안의 단어를 배열하세요.

1 목록에서 당신의 사이즈를 고르세요. (your size, from, please select, the list)
→ _____

2 그 표지판은 등산객들에게 낙석에 대해 경고했다.
(hikers, about, warned, falling rocks, the sign)
→ _____

3 이 얼룩제거제는 짙은 얼룩을 제거하는 데 매우 효과적이다.

(very effective, in removing, this stain remover, dark stains, is)

→ _____

4 그들은 그녀의 지원에 감사했다. (for, they, grateful, her support, were, to her)

→ _____

D 단어와 영어 뜻을 연결하세요. 영영풀이

1 alter ·   · ⓐ angry or crazy

2 warn ·   · ⓑ to change something

3 mad ·   · ⓒ of great value

4 precious ·   · ⓓ to tell someone that something bad or
                       dangerous may happen

E 영어 단어를 듣고 받아 적은 후 그 단어의 뜻을 쓰세요. 받아쓰기

English	Korean	English	Korean
1		14	
2		15	
3		16	
4		17	
5		18	
6		19	
7		20	
8		21	
9		22	
10		23	

DAY 12

MP3

□ **advertisement**
[ædvərtáizmənt] 221
🔊 advertise 통 광고하다

명 광고

I saw the **advertisement** for your sneakers in a magazine. 나는 잡지에서 네 운동화 광고를 봤다.

□ **expert** 222
[ékspə:rt]

명 전문가
형 숙련된, 전문가적인

an **expert** on African wildlife
아프리카 야생 생물 전문가

I asked my doctor for her **expert** opinion.
나는 내 담당의사에게 전문가적 의견을 물어봤다.

□ **folk** 223
[fouk]

명 (-s) 사람들
형 민간의, 민속의

These **folks** would like to join us for dinner.
이분들이 우리와 저녁 식사를 함께 하고 싶어 해요.

He knows many **folk** tales.
그는 민간 설화를 많이 알고 있다.

□ **journey** 224
[dʒə́:rni]

명 여행, 여정

They had a long **journey** to get here.
그들은 여기에 오기 위해 긴 여정을 거쳤다.

□ **nephew** 225
[néfju:]

명 (남자) 조카
🔊 niece 명 (여자) 조카

That boy is my **nephew**, my brother's son.
저 소년은 내 조카로, 우리 오빠의 아들이다.

□ **purpose** 226
[pə́:rpəs]

명 목적, 목표, 의도

The **purpose** of this letter is to introduce myself to the staff.
이 편지의 목적은 직원들에게 나를 소개하기 위한 것이다.

□ **decrease** 227
명 [dí:kri:s]
통 [dikrí:s]

명 감소
통 감소하다, 감소시키다
🔊 increase 명 증가 통 증가하다

a **decrease** in demand 수요의 감소
The sales **decreased** by 10%.
판매량이 10퍼센트 감소했다.

□ **escape** 228
[iskéip]

명 탈출, 벗어남
통 탈출하다, 벗어나다, 피하다

The prisoners made an **escape** into the river. 죄수들이 강으로 탈출했다.

Our rabbit **escaped** from her cage.
우리 토끼가 우리에서 탈출했다.

□ **repair** 229
[ripɛ́ər]

명 수리, 보수
통 고치다, 수리하다

My dad made some **repairs** on his old car.
우리 아빠는 낡은 차를 수리하셨다.

Can you **repair** this broken radio?
이 고장 난 라디오를 고칠 수 있으세요?

□ **admit** 230
[ədmít]
(admitted - admitted)

통 인정하다, 시인하다, 받아들이다

I **admit** that I took your phone without asking. 내가 묻지 않고 네 전화기를 가져간 것 인정해.

☐ **contain** 231 [kəntéin]	동 포함하다, 함유하다	This jar **contains** 560 candies. 이 단지에는 560개의 사탕이 들어 있다.
☐ **examine** 232 [igzǽmin]	동 검사하다, 검토하다, 자세히 살펴보다 파 examination 명 검사, 시험	Please **examine** this essay for problems. 이 에세이에 문제가 있는지 검토해 주세요.
☐ **intend** 233 [inténd]	동 의도하다, 계획하다 파 intention 명 의도	I **intend** to buy new towels at the store. 나는 상점에서 새 수건을 살 계획이다.
☐ **obey** 234 [oubéi]	동 순종하다, 따르다, 준수하다 파 obedience 명 순종, 복종	Soldiers have to **obey** orders. 군인들은 명령에 따라야 한다.
☐ **due** 235 [dʲuː]	형 ~할 예정인, (기간이) ~까지인 형 (to) ~ 때문에	These books are **due** on Tuesday. 이 책들은 화요일에 반납 예정이다. **Due to** the bad weather, the game was canceled. 나쁜 날씨 때문에 경기가 취소됐다.
☐ **major** 236 [méidʒər]	형 주요한, 중요한 명 전공 동 전공하다	He became a **major** Hollywood star after his first movie. 그는 첫 번째 영화 이후 주요한 할리우드 스타가 되었다. My **major** is economics. 내 전공은 경제학이다. He **majored** in chemistry in college. 그는 대학에서 화학을 전공했다.
☐ **mild** 237 [maild]	형 온화한, 순한 파 mildness 명 온화함	**mild** weather 온화한 날씨 This cheese has a **mild** taste. 이 치즈는 맛이 순하다.
☐ **opposite** 238 [ápəzit]	형 정반대의, 맞은편의 명 정반대	**opposite** ideas about politics 정치에 대한 반대 의견 The **opposite** of love is not hatred, but indifference. 사랑의 반대는 증오가 아니라 무관심이다.
☐ **immediately** 239 [imíːdiətli]	부 즉시, 바로 파 immediate 형 즉시의	He **immediately** turned around. 그는 바로 돌아섰다.
☐ **beyond** 240 [bijánd]	전 ~ 너머에, ~을 지나서	The forest is **beyond** the village. 그 숲은 마을 너머에 있다. **beyond** one's abilities[control] ~의 능력을[통제를] 넘어서

Voca Up	형용사 + -ness

어떤 형용사들은 끝에 -ness를 붙이면 명사가 된다.
EX 형 mild(온화한) – 명 mildness(온화함)   형 mad(정신이 나간) – 명 madness(미친 짓, 광기)
　　 형 kind(친절한) – 명 kindness(친절함)   형 happy(행복한) – 명 happiness(행복)

정답 pp.170~176

A 빈칸에 알맞은 말을 넣어 어구를 완성하세요.

1 an _____ on African wildlife (아프리카 야생 생물 전문가)

2 have a long _____ (긴 여정을 거치다)

3 the _____ of this letter (이 편지의 목적)

4 a _____ in demand (수요의 감소)

5 have _____ ideas (반대 의견을 갖고 있다)

B 우리말을 참고하여 문장 속에 알맞은 말을 써 넣으세요.

1 That boy is my _____, my brother's son.
(저 소년은 내 조카로, 우리 오빠의 아들이다.)

2 Our rabbit _____ from her cage. (우리 토끼가 우리에서 탈출했다.)

3 I _____ that I took your phone without asking.
(내가 묻지 않고 네 전화기를 가져간 것 인정해.)

4 _____ _____ the bad weather, the game was canceled.
(나쁜 날씨 때문에 경기가 취소됐다.)

5 He _____ in chemistry in college. (그는 대학에서 화학을 전공했다.)

C 우리말과 같은 뜻이 되도록 괄호 안의 단어를 배열하세요.

1 나는 잡지에서 네 운동화 광고를 봤다.
(the advertisement, I, in a magazine, saw, for your sneakers)
→ _____

2 나는 내 담당의사에게 전문가적 의견을 물어봤다.
(my doctor, her expert opinion, I, for, asked)
→ _____

3 이 고장 난 라디오를 고칠 수 있으세요? (you, broken, can, radio, repair, this)

→ _____

4 군인들은 명령에 따라야 한다. (have, obey, soldiers, to, orders)

→ _____

D 단어와 영어 뜻을 연결하세요. 영영풀이

1 contain   •

2 examine   •

3 immediately •

4 major   •

• ⓐ to look at something carefully

• ⓑ more important or bigger than others

• ⓒ right now or without waiting

• ⓓ to have something inside or include something

E 영어 단어를 듣고 받아 적은 후 그 단어의 뜻을 쓰세요. 받아쓰기 🎧

	English	Korean		English	Korean
1			14		
2			15		
3			16		
4			17		
5			18		
6			19		
7			20		
8			21		
9			22		
10			23		

☐ brick ²⁴¹
[brik]

명 벽돌

This neighborhood has many houses made of **brick**. 이 동네에는 벽돌로 지은 집이 많다.

☐ destruction ²⁴²
[distrʌ́kʃən]

명 파괴, 훼손
❷ destroy 통 파괴하다

Destruction of nature is a big problem.
자연의 훼손은 큰 문제이다.

☐ equipment ²⁴³
[ikwípmənt]

명 장비, 도구

Bring the right **equipment** on your camping trip. 캠핑 여행에 적합한 장비를 가져오세요.

☐ knowledge ²⁴⁴
[nɑ́lidʒ]

명 지식
❷ know 통 알다

She has great **knowledge** of many plants.
그녀는 여러 식물에 대해 대단한 지식을 가지고 있다.

☐ occasion ²⁴⁵
[əkéiʒən]

명 (특정한) 경우, 행사

We cooked a big meal for the special **occasion**.
우리는 특별한 행사를 위해 성대한 식사를 준비했다.

☐ opportunity ²⁴⁶
[ɑ̀pərtjúːnəti]

명 기회

He is grateful for all the **opportunities** in his life. 그는 자신의 삶의 모든 기회에 대해 감사히 생각하고 있다.

☐ seed ²⁴⁷
[siːd]

명 씨앗
❸ sow 통 씨를 뿌리다

This watermelon has too many **seeds**.
이 수박은 씨가 너무 많다.

☐ crash ²⁴⁸
[kræʃ]

명 충돌, 추락
통 충돌하다, 추락하다

The police officers investigated the scene of the **crash**. 경찰관들이 충돌 현장을 조사했다.
Two race cars **crashed**. 두 경주차가 충돌했다.

☐ display ²⁴⁹
[displéi]

명 전시, 진열
통 전시하다, 진열하다

a window **display** 쇼윈도 진열
We **display** many types of art in this gallery.
저희는 이 미술관에 여러 종류의 미술품을 전시합니다.

☐ handle ²⁵⁰
[hǽndl]

명 손잡이
통 대처하다, 처리하다

turn the **handle** 손잡이를 돌리다
He **handled** the problem very well.
그는 문제를 아주 잘 처리했다.

☐ pause ²⁵¹
[pɔːz]

명 (잠시) 멈춤, 중단
통 잠시 멈추다[쉬다]

After a short **pause**, he continued speaking.
그는 잠깐 멈췄다가 이야기를 계속했다.
She **paused** to listen to the song.
그녀는 그 노래를 들으려고 잠시 멈췄다.

☐ **adapt** ²⁵² [ədǽpt]	통 적응하다 통 각색하다 명 adaptation 명 적응, 개작	My dog **adapted** to the cold weather quickly. 우리 개는 추운 날씨에 빨리 적응했다. His novel was **adapted** for a movie. 그의 소설은 영화용으로 각색됐다.
☐ **attend** ²⁵³ [əténd]	통 출석하다, 참석하다 통 처리하다 명 attendance 명 출석, 참석	My uncle **attends** all of my school plays. 우리 삼촌은 내가 하는 모든 학교 연극에 참석하신다. We should **attend** to this problem before it gets worse. 우리는 이 문제를 더 악화되기 전에 처리해야 한다.
☐ **remove** ²⁵⁴ [rimúːv]	통 제거하다, 치우다 명 removal 명 제거	We need to **remove** these wine stains. 우리는 이 와인 얼룩들을 제거해야 한다.
☐ **separate** ²⁵⁵ 통 [sépərèit] 형 [sépərət]	통 분리하다, 분리되다 통 헤어지다 형 분리된, 각기 다른 명 separation 명 분리	Let's **separate** the cans from the bottles. 캔과 병을 분리하자. The girl **separated** from her family. 그 소녀는 가족과 헤어졌다. We stayed in **separate** rooms. 우리는 각기 다른 방에 머물렀다.
☐ **brief** ²⁵⁶ [briːf]	형 짧은, 간단한	He told a **brief** story about his vacation. 그는 자신의 휴가에 대해 간단히 이야기를 해줬다.
☐ **frozen** ²⁵⁷ [fróuzən]	형 얼어 붙은, 냉동된 통 freeze 통 얼다, 얼리다	I like to buy **frozen** berries from the supermarket. 나는 슈퍼마켓에서 냉동 베리를 사는 것을 좋아한다.
☐ **positive** ²⁵⁸ [pázitiv]	형 긍정적인 형 확신하는 반 negative 형 부정적인	a **positive** attitude 긍정적인 태도 I am **positive** that these are the gloves I lost. 이것은 내가 잃어버린 장갑이란 걸 확신해.
☐ **further** ²⁵⁹ [fə́ːrðər]	부 보다 더, 더 멀리 형 더 이상의	My right arm can throw **further** than my left. 내 오른팔은 왼팔보다 더 멀리 던질 수 있다. Do you have any **further** questions? 질문이 더 있나요?
☐ **widely** ²⁶⁰ [wáidli]	부 널리, 광범위하게 형 wide 형 (폭이) 넓은	It is a **widely** used method. 그것은 널리 사용되는 방법이다.

Voca Up **separate, graduate의 발음**

separate은 동사와 형용사로 모두 쓰이는데, 동사 발음과 형용사 발음이 다르다. 동사일 때는 [sépərèit]으로, 형용사일 때는 [sépərət]으로 발음된다.

graduate도 마찬가지로 동사('졸업하다')일 때는 [grǽdʒuèit]으로, 형용사('대학원의')일 때는 [grǽdʒuət]으로 다르게 발음된다.

A 빈칸에 알맞은 말을 넣어 어구를 완성하세요.

1 _____ of nature (자연의 훼손)

2 _____ of many plants (여러 식물에 대해 지식)

3 for the special _____ (특별한 행사를 위해)

4 a _____ story (간단한 이야기)

5 a _____ attitude (긍정적인 태도)

B 우리말을 참고하여 문장 속에 알맞은 단어를 써 넣으세요.

1 Bring the right _____ on your camping trip.
(캠핑 여행에 적합한 장비를 가져오세요.)

2 This watermelon has too many _____. (이 수박은 씨가 너무 많다.)

3 We _____ many types of art in this gallery.
(저희는 이 미술관에 여러 종류의 미술품을 전시합니다.)

4 My dog _____ to the cold weather quickly.
(우리 개는 추운 날씨에 빨리 적응했다.)

5 I like to buy _____ berries from the supermarket.
(나는 슈퍼마켓에서 냉동 베리를 사는 것을 좋아한다.)

C 우리말과 같은 뜻이 되도록 괄호 안의 단어를 배열하세요.

1 경찰관들이 충돌 현장을 조사했다.
(the scene, the police officers, of, investigated, the crash)
→ _____

2 그는 문제를 아주 잘 처리했다. (handled, very well, he, the problem)
→ _____

3 질문이 더 있나요? (further, do, questions, have, any, you)

→ _____

4 캔과 병을 분리하자. (the cans, let's, separate, from the bottles)

→ _____

D 단어와 영어 뜻을 연결하세요. 영영풀이

1 opportunity ·

2 pause ·

3 attend ·

4 remove ·

· ⓐ to take something away

· ⓑ to go to an event

· ⓒ to stop for a moment

· ⓓ a chance to do something

E 영어 단어를 듣고 받아 적은 후 그 단어의 뜻을 쓰세요. 받아쓰기 🎧

	English	Korean		English	Korean
1			14		
2			15		
3			16		
4			17		
5			18		
6			19		
7			20		
8			21		
9			22		
10			23		

☐ **atmosphere** ²⁶¹
[ǽtməsfiər]

명 대기
명 분위기

pollute the **atmosphere** 대기를 오염시키다

The **atmosphere** in the cottage was very cozy. 오두막집의 분위기는 아주 아늑했다.

☐ **origin** ²⁶²
[ɔ́(:)ridʒin]

명 기원, 유래, 출신
🔄 original 형 원래의, 독창적인

I wish I knew the **origin** of this story.
이 이야기의 기원을 알 수 있다면 좋겠다.

☐ **principle** ²⁶³
[prínsəpl]

명 원칙, 원리
명 신조

democratic **principles** 민주주의 원칙

He had strong **principles**.
그는 강한 신조가 있었다.

☐ **resident** ²⁶⁴
[rézidənt]

명 주민, (병원의) 레지던트
🔄 reside 동 거주하다

We are all **residents** of this apartment building. 우리는 모두 이 아파트의 주민들이다.

☐ **soldier** ²⁶⁵
[sóuldʒər]

명 군인, 병사

The little boy wanted to be a **soldier**.
그 어린 소년은 군인이 되고 싶었다.

☐ **thought** ²⁶⁶
[θɔːt]

명 생각
동 생각했다
(think의 과거형)

What are your **thoughts** about this book?
이 책에 대한 네 생각은 어때?

We **thought** that we were too late.
우리는 너무 늦었다고 생각했다.

☐ **form** ²⁶⁷
[fɔːrm]

명 형태
명 양식
동 형성하다, 만들다

The **form** of this vase looks like a flower.
이 꽃병의 형태는 꽃처럼 보인다.

an application **form** 지원서

The children **formed** their own baseball team. 아이들은 자신들의 야구팀을 만들었다.

☐ **pride** ²⁶⁸
[praid]

명 자랑, 자부심
동 자랑스러워하다, 자부심을 갖다

take **pride** in ~을 자랑스러워하다

He **prided** himself on always arriving early.
그는 항상 일찍 오는 것에 대해 자랑스러워했다.

☐ **track** ²⁶⁹
[træk]

명 트랙, 경주로
명 흔적
동 추적하다, 수색하다

The race cars go around the **track**.
경주차들은 트랙을 돈다.

the **track** of the wheels 바퀴 흔적

The hunter **tracked** the deer through the forest. 그 사냥꾼은 숲속으로 사슴을 추적했다.

☐ **describe** ²⁷⁰
[diskráib]

동 묘사하다, 설명하다
🔄 description 명 묘사

The author **describes** the colors of spring beautifully. 그 작가는 봄의 색깔을 아름답게 묘사한다.

□ **exist** 271	图 존재하다	Monsters do not really **exist**.
[igzíst]	⑪ existence 명 존재	괴물은 실제로 존재하지 않는다.

□ **insist** 272	图 주장하다, 고집하다	Cynthia **insists** that she has not seen my
[insíst]		purse. 신시아는 내 핸드백을 보지 못했다고 주장한다.

□ **persuade** 273	图 설득하다	Let's **persuade** the landlord to lower our
[pərswéid]	⑪ persuasion 명 설득	rent. 집주인에게 우리 임대료를 낮춰달라고 설득하자.

□ **anxious** 274	형 걱정하는, 불안해하는	Waiting in the dentist's office made her
[ǽŋkʃəs]	형 ~하고 싶어 하는	**anxious**.
	⑪ anxiety 명 걱정, 불안	치과에서 대기하는 것은 그녀를 불안하게 만들었다.
		He was **anxious** to see the star in person.
		그는 그 스타를 직접 보고 싶어 했다.

□ **cruel** 275	형 잔인한	Don't be **cruel** to anyone.
[krú(:)əl]	⑪ cruelty 명 잔인함	누구에게도 잔인하게 굴지 마라.

□ **harmful** 276	형 해로운	Eating too much sugar is very **harmful** for
[háːrmfəl]	⑪ harm 명 해, 해로움	your health.
		당분을 너무 많이 먹는 것은 건강에 매우 해롭다.

□ **innocent** 277	형 결백한	guilty or **innocent** 유죄 또는 무죄인
[ínəsənt]	형 순진한	The **innocent** boy didn't understand the
	⑪ innocence 명 결백함, 순진함	bad joke. 그 순진한 소년은 나쁜 농담을 이해하지 못했다.

□ **painful** 278	형 고통스러운, 아픈	She got a **painful** burn on her hand.
[péinfəl]	⑪ pain 명 고통	그녀는 손에 고통스러운 화상을 입었다.
		a **painful** experience 아픈 경험

□ **commonly** 279	무 통상, 흔히	We **commonly** shop at this store.
[kámənli]	⑪ common 형 일반적인, 흔한	우리는 통상 이 상점에서 쇼핑을 한다.

□ **fairly** 280	무 꽤	It is **fairly** warm outside today.
[féərli]	무 공정하게	오늘은 바깥이 꽤 따뜻하다.
	⑪ fair 형 공정한	The judge treated everyone **fairly**.
		심사위원은 모두를 공정하게 대했다.

<table>
<tr><td>Voca Up</td><td>정도를 나타내는 fairly</td></tr>
</table>

fairly는 '꽤'의 뜻으로 정도를 나타낸다. 비슷한 말로 very, really, quite, pretty 등이 있는데 very와 really가
정도가 가장 높고, fairly는 상대적으로 낮은 편이다. 한편, really와 pretty는 회화체에서 더 자주 쓰인다.
very, really > quite, pretty ≥ fairly

정답 pp.170~176

A 빈칸에 알맞은 말을 넣어 어구를 완성하세요.

1 the _____ in the cottage (오두막집의 분위기)

2 the _____ of this story (이 이야기의 기원)

3 the _____ of this vase (이 꽃병의 형태)

4 _____ for your health (건강에 해로운)

5 a _____ experience (아픈 경험)

B 우리말을 참고하여 문장 속에 알맞은 단어를 써 넣으세요.

1 We are all _____ of this apartment building.
(우리는 모두 이 아파트의 주민들이다.)

2 The little boy wanted to be a _____. (그 어린 소년은 군인이 되고 싶었다.)

3 Let's _____ the landlord to lower our rent.
(집주인에게 우리 임대료를 낮춰달라고 설득하자.)

4 The judge treated everyone _____.
(심사위원은 모두를 공정하게 대했다.)

5 Waiting in the dentist's office made her _____.
(치과에서 대기하는 것은 그녀를 불안하게 만들었다.)

C 우리말과 같은 뜻이 되도록 괄호 안의 단어를 배열하세요.

1 이 책에 대한 네 생각은 어때? (your thoughts, this book, what, about, are)
→ _____

2 괴물은 실제로 존재하지 않는다. (really exist, do, monsters, not)
→ _____

3 누구에게도 잔인하게 굴지 마라. (be, to, cruel, don't, anyone)

→ _____

4 그 순진한 소년은 나쁜 농담을 이해하지 못했다.
(didn't, the bad, the innocent, understand, boy, joke)

→ _____

D 단어와 영어 뜻을 연결하세요. 영영풀이

1 principle ·   · ⓐ to say or write what something is like

2 commonly ·   · ⓑ usually or by most people

3 describe ·   · ⓒ a basic idea or rule

4 insist ·   · ⓓ to say firmly

E 영어 단어를 듣고 받아 적은 후 그 단어의 뜻을 쓰세요. 받아쓰기 🎧

English	Korean	English	Korean
1		14	
2		15	
3		16	
4		17	
5		18	
6		19	
7		20	
8		21	
9		22	
10		23	

| □ clerk ²⁸¹ [klə:rk] | 명 점원, 판매원 | My brother is a **clerk** in the shoe department. 내 남동생은 신발 매장의 점원이다. |

□ **clerk** ²⁸¹
[klə:rk]

명 점원, 판매원

My brother is a **clerk** in the shoe department. 내 남동생은 신발 매장의 점원이다.

□ **metal** ²⁸²
[métəl]

명 금속
형 금속제의

precious **metals** 귀금속
She wore thick **metal** bracelets to work.
그녀는 두꺼운 금속 팔찌를 하고 회사에 갔다.

□ **nation** ²⁸³
[néiʃən]

명 국가, 국민
national 형 국가의

The world is divided into hundreds of **nations**. 세계는 수백 개의 나라들로 나뉘어져 있다.

□ **reality** ²⁸⁴
[ri(:)æləti]

명 현실, 실제
real 형 현실의, 실제의

This book mixes elements of **reality** and fantasy. 이 책은 현실과 환상의 요소들을 혼합한다.

□ **tool** ²⁸⁵
[tu:l]

명 도구, 수단

A dictionary is a great **tool** for looking up difficult words.
사전은 어려운 단어를 찾아보는 데 아주 좋은 수단이다.

□ **lecture** ²⁸⁶
[léktʃər]

명 강의, 강연

The professor gave a **lecture** on the Korean War. 그 교수님은 한국전쟁에 관해 강의를 하셨다.

□ **charge** ²⁸⁷
[tʃɑ:rdʒ]

명 요금, 비용
명 책임
동 청구하다, 부과하다

free of **charge** 무료인
Who is in **charge** of the project?
그 프로젝트를 누가 책임지고 있습니까?
The ATM **charged** me $1 to pull out money.
현금인출기가 돈을 뽑는 데 1달러를 부과했다.

□ **doubt** ²⁸⁸
[daut]

명 의심, 의혹
동 의심하다

beyond **doubt** 의심의 여지가 없는
She **doubts** if she can pass the test.
그녀는 시험에 통과할 수 있을지 미심쩍어한다.

□ **drag** ²⁸⁹
[dræg]

명 귀찮은 것, 짜증 나는 것
동 끌다, 끌어들이다

Rainy weather on the weekend is a **drag**.
주말에 비 오는 날씨는 짜증 나.
She **dragged** the chair to the living room.
그녀는 의자를 거실로 끌고 갔다.

□ **establish** ²⁹⁰
[istǽbliʃ]

동 설립하다, 확립하다
establishment 명 설립, 기관

This company was **established** in 1905.
이 회사는 1905년에 설립되었다.

□ **occur** 291
[əkə́ːr]
(occurred - occurred)

동 발생하다, 일어나다
동 (생각 등이) 떠오르다

The accident **occurred** on Wednesday.
그 사건은 수요일에 발생했다.

It never **occured** to me.
그 생각은 내게 전혀 떠오르지 않았다.

□ **translate** 292
[trænsléit]

동 번역하다
동 해석하다
파 translation 명 번역, 해석

She **translated** what the Swedish woman said. 그녀는 그 스웨덴 여자가 한 말을 번역했다.

translate differently 다르게 해석하다

□ **basic** 293
[béisik]

형 기본적인, 기초적인
파 base 명 기본

I can only cook very **basic** recipes.
나는 기본적인 조리법들만 요리할 수 있다.

□ **curious** 294
[kjú(ː)əriəs]

형 호기심이 많은, 알고 싶어 하는
파 curiosity 명 호기심

He was very **curious** about the new toys.
그는 새 장난감에 대해 무척 궁금해했다.

□ **excellent** 295
[éksələnt]

형 훌륭한, 뛰어난
파 excellence 명 훌륭함, 뛰어남

This is an **excellent** cookie recipe.
이것은 훌륭한 쿠키 조리법이다.

□ **rapid** 296
[rǽpid]

형 급속한, 빠른

The company has **rapid** growth this year.
그 회사는 올해 급속한 성장을 하고 있다.

□ **responsible** 297
[rispɑ́nsəbl]

형 책임이 있는
형 책임감 있는
파 responsibility 명 책임, 책임감

He is **responsible** for the problem.
그에게 그 문제의 책임이 있다.

a **responsible** person 책임감 있는 사람

□ **sensitive** 298
[sénsətiv]

형 섬세한
형 예민한, 민감한

He is **sensitive** and caring.
그는 섬세하고 배려심이 많다.

sensitive skin 민감한 피부

□ **entirely** 299
[intáiərli]

부 완전히, 전적으로
파 entire 형 전체의

The yard was **entirely** surrounded by a fence. 마당은 울타리로 완전히 둘러쳐져 있었다.

□ **physically** 300
[fízikəli]

부 신체적으로, 육체적으로
파 physical 형 신체의, 육체의

He was both **physically** and mentally tired.
그는 육체적으로나 정신적으로 모두 피곤했다.

Voca Up **불규칙 과거형: 자음 반복 + -ed**

동사 중에서 2음절인데 강세가 뒤에 있는 경우에는 과거형을 만들 때 자음을 반복해 쓰고 -ed를 붙인다.

EX. occur - occurred / prefer - preferred / control - controlled / commit - committed

정답 pp.170~176

A 빈칸에 알맞은 말을 넣어 어구를 완성하세요.

1 thick _____ bracelet (두꺼운 금속 팔찌)

2 _____ and fantasy (현실과 환상)

3 in _____ of the project (프로젝트를 책임지고 있는)

4 very _____ recipes (기본적인 조리법들)

5 have _____ growth (급속한 성장을 하다)

B 우리말을 참고하여 문장 속에 알맞은 단어를 써 넣으세요.

1 The ATM _____ me $1 to pull out money.
(현금인출기가 돈을 뽑는 데 1달러를 부과했다.)

2 The professor gave a _____ on the Korean War.
(그 교수님은 한국전쟁에 관해 강의를 하셨다.)

3 She _____ what the Swedish woman said.
(그녀는 그 스웨덴 여자가 한 말을 번역했다.)

4 The yard was _____ surrounded by a fence.
(마당은 울타리로 완전히 둘러쳐져 있었다.)

5 He was both _____ and mentally tired.
(그는 육체적으로나 정신적으로 모두 피곤했다.)

C 우리말과 같은 뜻이 되도록 괄호 안의 단어를 배열하세요.

1 내 남동생은 신발 매장의 점원이다.
(is, the shoe department, my brother, in, a clerk)
→ _____

2 그녀는 시험에 통과할 수 있을지 미심쩍어한다.
(she, the test, if, pass, she doubts, can)
→ _____

3 이 회사는 1905년에 설립되었다. (established, this, in, company, was, 1905)

→ _____

4 그는 새 장난감에 대해 무척 궁금해했다. (very, about, he, curious, the new toys, was)

→ _____

D 단어와 영어 뜻을 연결하세요. 영영풀이

1 occur ·

2 translate ·

3 excellent ·

4 sensitive ·

· ⓐ easily affected

· ⓑ to change into a different language

· ⓒ to happen

· ⓓ extremely good

E 영어 단어를 듣고 받아 적은 후 그 단어의 뜻을 쓰세요. 받아쓰기 🎧

English	Korean	English	Korean
1		14	
2		15	
3		16	
4		17	
5		18	
6		19	
7		20	
8		21	
9		22	
10		23	

MP3

☐ **bride** 301
[braid]
® 신부
ⓔ(bride)groom ⑲ 신랑

The **bride** is wearing a long, white dress.
신부는 긴 흰색 드레스를 입고 있다.

☐ **costume** 302
[kástju:m]
® 의상, 복장

The children wore their **costumes** for Halloween. 아이들은 핼러윈 의상을 입었다.

☐ **crime** 303
[kraim]
® 범죄
ⓔcriminal ⑲ 범죄자

Crime has gone down in American cities since the 1980s.
1980년대 이후 범죄가 미국 도시들에서 감소했다.

commit a **crime** 범죄를 저지르다

☐ **lawyer** 304
[lɔ́:jər]
® 변호사, 변호인

One of my aunts is a **lawyer**.
우리 이모 중 한 명은 변호사이다.

☐ **mayor** 305
[méiər]
® 시장(市長)

The businessperson was elected as **mayor** of the city. 그 사업가는 시의 시장으로 선출되었다.

☐ **payment** 306
[péimənt]
® 지불, 지불액
ⓔpay ⑧ 지불하다

Will you accept **payment** with a credit card? 신용카드 지불을 받으시나요?

☐ **total** 307
[tóutl]
® 합계
⑲ 전체의
⑲ 완전한

in **total** 모두 합해서
The **total** amount of rain was low this year.
올해 총 강수량은 적었다.
It was a **total** failure. 그것은 완전한 실패였다.

☐ **demand** 308
[dimænd]
® 요구, 수요
⑧ 요구하다

meet (the) **demand** 수요를 충족시키다
He **demanded** a refund for the broken TV.
그는 고장 난 TV에 대해 환불을 요구했다.

☐ **function** 309
[fʌ́ŋkʃən]
® 기능, 역할
⑧ 기능하다, 역할을 하다

This tablet PC has many new **functions**.
이 태블릿 PC는 새로운 기능들이 많다.
This phone also **functions** as a flashlight.
이 전화기는 손전등 역할도 한다.

☐ **request** 310
[rikwést]
® 요청, 요구
⑧ 요청하다, 요구하다
ⓣask

refuse[reject] a **request** 요청을 거절하다
We **requested** that the musicians play a song for us.
우리는 뮤지션들이 우리에게 노래를 연주해주도록 요청했다.

☐ **struggle** ³¹¹ [strʌ́gl]	명 힘든 일, 분투 동 애쓰다	a big **struggle** 대단히 힘든 일 We **struggled** to understand the concept in the lecture. 우리는 그 강의에서 개념을 이해하려고 애를 썼다.
☐ **whisper** ³¹² [hwíspər]	명 속삭이는 소리 동 속삭이다	I spoke to my aunt in a **whisper**. 나는 이모에게 속삭이는 소리로 말했다. She **whispered** a secret in her friend's ear. 그녀는 친구에게 귓속말로 비밀을 속삭였다.
☐ **manage** ³¹³ [mǽnidʒ]	동 운영하다, 관리하다 동 (노력하여) 해내다 파 management 명 운영, 관리	That woman **manages** this warehouse. 저 여자가 이 창고를 관리한다. How do you **manage** to get to work on time? 어떻게 회사에 정시에 오세요?
☐ **odd** ³¹⁴ [ɑd]	형 이상한, 별난 형 홀수의	His clothes are a little **odd** for the event. 그의 옷은 그 행사에 조금 이상하다. an **odd** number 홀수
☐ **brand-new** ³¹⁵ [brǽndnjúː]	형 신상품의, 새것의	How do you like my **brand-new** coat? 내 새 코트 어때?
☐ **continuous** ³¹⁶ [kəntínjuəs]	형 계속되는, 끊임없는 파 continue 동 계속되다	Your complaints about the weather are **continuous**. 날씨에 대한 네 불평은 끊임없구나.
☐ **lively** ³¹⁷ [láivli]	형 활기찬, 경쾌한	The band played a **lively** song for dancing. 그 밴드는 춤에 알맞은 경쾌한 노래를 연주했다.
☐ **unknown** ³¹⁸ [ʌnnóun]	형 알려지지 않은, 미지의 반 well-known 형 잘 알려진	An **unknown** type of flower is growing in the garden. 알려지지 않은 종류의 꽃이 정원에서 자라고 있다.
☐ **mainly** ³¹⁹ [méinli]	부 주로 파 main 형 주요한, 주된	We **mainly** sell socks at this store. 우리는 이 가게에서 주로 양말을 판다.
☐ **virtually** ³²⁰ [və́ːrtʃuəli]	부 사실상, 실질적으로 파 virtual 형 사실상의, 실제적인	You can order **virtually** anything from this restaurant. 이 식당에서는 사실상 무엇이든 주문할 수 있다.

Voca Up	-ly로 끝나는 형용사

-ly로 끝나는 말은 대체로 부사지만, 몇몇 단어는 형용사이므로 주의해야 한다.

EX. lively 형 활기찬　　　friendly 형 친절한　　　lovely 형 사랑스러운
　　　costly 형 비용이 많이 드는　　elderly 형 나이가 많은　　manly 형 남자다운

EXERCISE

A 빈칸에 알맞은 말을 넣어 어구를 완성하세요.

1 _____ of the city (시의 시장)

2 _____ with a credit card (신용카드 지불)

3 the _____ amount of rain (총 강수량)

4 refuse a _____ (요청을 거절하다)

5 an _____ type (알려지지 않은 종류)

B 우리말을 참고하여 문장 속에 알맞은 단어를 써 넣으세요.

1 _____ has gone down in American cities since the 1980s.
(1980년대 이후 범죄가 미국 도시들에서 감소했다.)

2 One of my aunts is a _____. (우리 이모 중 한 명은 변호사이다.)

3 This tablet PC has many new _____.

(이 태블릿 PC는 새로운 기능들이 많다.)

4 We _____ to understand the concept in the lecture.
(우리는 그 강의에서 개념을 이해하려고 애를 썼다.)

5 We _____ sell socks at this store.
(우리는 이 가게에서 주로 양말을 판다.)

C 우리말과 같은 뜻이 되도록 괄호 안의 단어를 배열하세요.

1 그 사업가는 시의 시장으로 선출되었다.
(was, of, the businessperson, as mayor, elected, the city)
→ _____

2 그는 고장 난 TV에 대해 환불을 요구했다. (a refund, the broken TV, demanded, for, he)
→ _____

3 그의 옷은 그 행사에 조금 이상하다.

(a little, for, his clothes, odd, the event, are)

→ _____

4 그 밴드는 춤에 알맞은 경쾌한 노래를 연주했다.

(a lively, the band, for, played, dancing, song)

→ _____

D 단어와 영어 뜻을 연결하세요. 영영풀이

1 bride •	• ⓐ to try very hard to do something
2 struggle •	• ⓑ to speak very quietly
3 whisper •	• ⓒ happening or existing for some time without stopping
4 continuous •	• ⓓ a woman who is about to get married or has just gotten married

E 영어 단어를 듣고 받아 적은 후 그 단어의 뜻을 쓰세요. 받아쓰기 🎧

	English	Korean		English	Korean
1			14		
2			15		
3			16		
4			17		
5			18		
6			19		
7			20		
8			21		
9			22		
10			23		

MP3

☐ bullet ³²¹ [búlit]	명 총알, 총탄	The police found two **bullets** at the crime scene. 경찰은 범죄 현장에서 두 개의 총알을 발견했다.
☐ detail ³²² [ditéil, díːteil]	명 세부 사항[내용]	His story included many interesting **details**. 그의 이야기에는 흥미로운 세부 내용들이 많이 들어 있었다. in **detail** 자세하게
☐ method ³²³ [méθəd]	명 방법, 수단	His **method** of washing dishes is very fast. 그가 설거지를 하는 방법은 매우 빠르다.
☐ privacy ³²⁴ [práivəsi]	명 사생활, 프라이버시 ☺ private 형 사적인, 개인의	They put curtains on the windows for **privacy**. 그들은 프라이버시를 위해 창문에 커튼을 달았다.
☐ responsibility [rispÀnsəbíləti] ³²⁵	명 책임, 의무 ☺ responsible 형 책임이 있는, 책임감 있는	Taking care of pets is a big **responsibility**. 반려동물을 돌보는 것은 커다란 책임이다.
☐ site ³²⁶ [sait]	명 현장, 장소, (인터넷) 사이트	We finally chose a new **site** for our store. 우리는 마침내 가게를 할 새로운 장소를 선택했다.
☐ weakness ³²⁷ [wíːknis]	명 약함 명 약점 ☺ weak 형 약한	I have a **weakness** for junk food. 나는 정크푸드에 약하다. strengths and **weaknesses** 강점과 약점
☐ cure ³²⁸ [kjuər]	명 치료법, 치료제 동 치료하다, 치유하다	I hope that this study will find the **cure** for AIDS. 이 연구가 에이즈의 치료법을 발견하기를 바랍니다. This medicine might **cure** your disease. 이 약이 당신의 병을 치료할 수 있을지도 모릅니다.
☐ aim ³²⁹ [eim]	명 목표, 목적 동 목표로 삼다	Her **aim** was to join the basketball team. 그녀의 목표는 농구팀에 합류하는 것이었다. She **aims** to become a famous violinist. 그녀는 유명한 바이올리니스트가 되는 것을 목표로 삼는다.
☐ conflict ³³⁰ 명 [kánflikt] 동 [kənflíkt]	명 대립, 갈등, 분쟁 동 상충하다	social **conflict** 사회적 갈등 Your story **conflicts** with my story. 너의 이야기는 나의 이야기와 상충된다.

☐ **deserve** [331] [dizə́ːrv]	통 ~을 받을 만하다, ~할 자격이 있다	She **deserved** to win the prize. 그녀는 그 상을 받을 자격이 있었다.
☐ **interrupt** [332] [ìntərʌ́pt]	통 방해하다, 중단시키다 ❶ interruption 명 방해	The emergency broadcast **interrupted** the sitcom. 긴급 방송이 시트콤을 중단시켰다.
☐ **sew** [333] [sou]	통 꿰매다, 바느질하다 ❹ sow 통 (씨를) 뿌리다	She **sewed** her wedding dress herself. 그녀는 웨딩드레스를 직접 꿰맸다.
☐ **shut** [334] [ʃʌt] (shut - shut)	통 닫다, 폐쇄하다	Please **shut** the door behind you. 나갈 때 문을 닫아주세요.
☐ **average** [335] [ǽvəridʒ]	형 평균의, 보통의 명 평균	of **average** size 평균 크기인 The **average** of the test scores was 77. 시험 점수 평균은 77이었다.
☐ **emotional** [336] [imóuʃənəl]	형 감정적인, 감동적인 ❶ emotion 명 감정	Don't make an **emotional** decision. 감정적인 결정을 내리지 말아라.
☐ **distant** [337] [dístənt]	형 먼, 멀리 떨어진 ❶ distance 명 거리	She is a **distant** relative of mine. 그녀는 나의 먼 친척이다.
☐ **obvious** [338] [ábviəs]	형 명백한, 당연한 ❶ obviously 부 분명히, 당연히	He forgot the **obvious** answer under pressure. 그는 스트레스를 받아서 명백한 답을 잊었다.
☐ **alike** [339] [əláik]	부 비슷하게 형 비슷한	He and his brother think **alike**. 그와 그의 형은 생각을 비슷하게 한다. The twins are **alike** in many ways. 쌍둥이는 여러 면에서 비슷하다.
☐ **contrary** [340] [kántreri]	부 (to) 반대로	**Contrary** to popular belief, all bats can see. 일반적인 생각과는 반대로 모든 박쥐는 앞을 볼 수 있다.

Voca Up	방해하다

'방해하다'라고 할 때 영어에서는 interrupt, disturb, bother 등을 쓰는데, 뜻이 약간씩 차이가 있다. interrupt 는 주로 '하던 일을 중단시켜 방해하는 것'을 뜻하고, disturb는 특히 '일을 하거나 잠을 자고 있을 때 방해하는 것' 을 뜻한다. 한편, bother는 '귀찮게 하거나 성가시게 하여 방해하는 것'을 뜻한다.

정답 pp.170~176

A 빈칸에 알맞은 말을 넣어 어구를 완성하세요.

1 a big _____ (커다란 책임)

2 social _____ (사회적 갈등)

3 the _____ of the test scores (시험 점수 평균)

4 a _____ relative (먼 친척)

5 the _____ answer (명백한 답)

B 우리말을 참고하여 문장 속에 알맞은 단어를 써 넣으세요.

1 The police found two _____ at the crime scene.
(경찰은 범죄 현장에서 두 개의 총알을 발견했다.)

2 His story included many interesting _____.
(그의 이야기에는 흥미로운 세부 내용들이 많이 들어 있었다.)

3 They put curtains on the windows for _____.
(그들은 프라이버시를 위해 창문에 커튼을 달았다.)

4 This medicine might _____ your disease.
(이 약이 당신의 병을 치료할 수 있을지도 모릅니다.)

5 She _____ her wedding dress herself.
(그녀는 웨딩드레스를 직접 꿰맸다.)

C 우리말과 같은 뜻이 되도록 괄호 안의 단어를 배열하세요.

1 나는 정크푸드에 약하다. (for, have, junk food, I, a weakness)
→ _____

2 그녀는 유명한 바이올리니스트가 되는 것을 목표로 삼는다.
(a famous, become, she, aims, violinist, to)
→ _____

3 감정적인 결정을 내리지 말아라. (make, decision, an, don't, emotional)

→ _____

4 그와 그의 형은 생각을 비슷하게 한다. (think, he, alike, his brother, and)

→ _____

D 단어와 영어 뜻을 연결하세요. 영영풀이

1 method ·　　　　　　　　· ⓐ a way of doing something

2 site ·　　　　　　　　· ⓑ different or opposite from

3 shut ·　　　　　　　　· ⓒ a place that is used for some purpose

4 contrary ·　　　　　　　　· ⓓ to close something

E 영어 단어를 듣고 받아 적은 후 그 단어의 뜻을 쓰세요. 받아쓰기 🎧

English	Korean	English	Korean
1		14	
2		15	
3		16	
4		17	
5		18	
6		19	
7		20	
8		21	
9		22	
10		23	

☐ bill ³⁴¹ [bil]	몡 청구서, 청구액, 계산서 몡 지폐	a phone **bill** 전화 요금 (청구서) Her wallet was stuffed with coins and **bills**. 그녀의 지갑은 동전과 지폐로 가득 차 있었다.
☐ degree ³⁴² [digríː]	몡 (각도·온도 등의) 도, 정도 몡 학위	It is currently ten **degrees** outside. 밖은 현재 10도이다. a **degree** in medicine 의학 학위
☐ discovery ³⁴³ [diskʌ́vəri]	몡 발견 discover 통 발견하다	Atomic power was a huge **discovery** for humans. 원자력은 인간에게 엄청난 발견이었다.
☐ league ³⁴⁴ [liːg]	몡 리그, 연맹	He was the fastest pitcher in the whole baseball **league**. 그는 야구 리그 전체에서 가장 빠른 투수였다.
☐ passion ³⁴⁵ [pǽʃən]	몡 열정 passionate 혱 열정적인	She had a **passion** for repainting old furniture. 그녀는 오래된 가구를 다시 칠하는 것에 열정이 있었다.
☐ research ³⁴⁶ [risə́ːrtʃ, ríːsəːrtʃ]	몡 연구, 조사	Her **research** is about poor children. 그녀의 연구는 가난한 아이들에 관한 것이다. do[conduct] **research** 연구를 하다
☐ source ³⁴⁷ [sɔːrs]	몡 근원, 원천, 출처	The **source** of this river is high in the Himalayas. 이 강의 근원은 히말라야 높은 곳에 있다.
☐ wisdom ³⁴⁸ [wízdəm]	몡 지혜 wise 혱 지혜로운	Sometimes children have more **wisdom** than adults. 때때로 아이들이 어른들보다 지혜가 더 많다.
☐ shock ³⁴⁹ [ʃɑk]	몡 충격, 놀람 통 충격을 주다 shocking 혱 충격적인	get a **shock** 충격을 받다 The crime **shocked** the whole nation. 그 범죄는 나라 전체에 충격을 줬다.
☐ concern ³⁵⁰ [kənsə́ːrn]	몡 걱정, 염려, 우려 통 걱정시키다 concerned 혱 걱정하는, 염려하는	express **concern** 우려를 표명하다 His behavior **concerned** his parents. 그의 행동은 그의 부모를 걱정시켰다.

□ **assume** 351
[əsúːm]
图 가정하다, 간주하다
⑩ assumption 평 가정
Don't **assume** that we can't speak French.
우리가 프랑스어를 할 수 없다고 가정하지 마.

□ **earn** 352
[əːrn]
图 (돈을) 벌다, (명성 등을) 얻다
He **earned** a reputation as a hard-worker.
그는 성실한 일꾼으로서의 평판을 얻었다.

□ **owe** 353
[ou]
图 빚지다, 신세지다
My little brother **owes** me ten dollars.
내 남동생은 내게 10달러 빚진 게 있다.

□ **oppose** 354
[əpóuz]
图 반대하다
⑩ opposition 평 반대
⑪ support 图 지지하다
She **opposed** any plan to change the organization. 그녀는 조직을 변화시킬 어떤 계획에도 반대했다.

□ **critical** 355
[krítikəl]
형 비판적인
형 매우 중요한
⑩ critically 囝 비판적으로
He was very **critical** of his daughter's clothing.
그는 딸의 옷에 대해 매우 비판적이었다.
It is **critical** that the students understand this concept. 학생들이 이 개념을 이해하는 것은 매우 중요하다.

□ **entire** 356
[intáiər]
형 전체의
⑩ entirely 囝 완전히
The **entire** field was full of flowers.
들판 전체가 꽃으로 가득 차 있었다.

□ **essential** 357
[əsénʃəl]
형 필수적인, 매우 중요한
명 필수품
Fresh fruits and vegetables are **essential** to your diet. 신선한 과일과 채소는 식생활에 필수적이다.
We only pack **essentials** for the trip.
우리는 여행을 위해 필수품만 싼다.

□ **typical** 358
[típikəl]
형 전형적인, 보통의
a **typical** example 전형적인 예
It is **typical** of Mark to arrive late.
마크가 늦게 도착하는 건 보통 일이다.

□ **fully** 359
[fúli]
囝 완전히, 충분히
⑩ full 형 가득 찬, 완전한
I am not **fully** awake without my coffee.
나는 커피를 안 마시면 완전히 깬 게 아니다.

□ **originally** 360
[ərídʒənəli]
囝 원래, 처음에는
⑩ original 형 원래의
She **originally** planned to go to New York.
그녀는 원래 뉴욕에 갈 계획이었다.

Voca Up　　　　**degree**

degree가 '온도'를 나타낼 때, '섭씨'는 〈숫자 degrees Celcius〉로, '화씨'는 〈숫자 degrees Fahrenheit〉로 쓴다. 또, 0도는 zero degrees이다.
한편, degree가 '학위'를 나타낼 때, '학사학위/석사학위/박사학위'는 an undergraduate/a master's/ a doctorate degree로 쓴다.

EXERCISE

A 빈칸에 알맞은 말을 넣어 어구를 완성하세요.

1 coins and _____ (동전들과 지폐들)

2 a huge _____ for humans (인간에게 엄청난 발견)

3 have a _____ (열정이 있다)

4 the _____ field (들판 전체)

5 a _____ example (전형적인 예)

B 우리말을 참고하여 문장 속에 알맞은 단어를 써 넣으세요.

1 It is currently ten _____ outside. (밖은 현재 10도이다.)

2 Sometimes children have more _____ than adults.
(때때로 아이들이 어른들보다 지혜가 더 많다.)

3 Her _____ is about poor children.
(그녀의 연구는 가난한 아이들에 관한 것이다.)

4 I am not _____ awake without my coffee.
(나는 커피를 안 마시면 완전히 깬 게 아니다.)

5 Fresh fruits and vegetables are _____ to your diet.
(신선한 과일과 채소는 식생활에 필수적이다.)

C 우리말과 같은 뜻이 되도록 괄호 안의 단어를 배열하세요.

1 그의 행동은 그의 부모를 걱정시켰다.
(behavior, his parents, concerned, his)
→ _____

2 우리가 프랑스어를 할 수 없다고 가정하지 마.
(can't, assume that, French, don't, we, speak)
→ _____

78

3 내 남동생은 내게 10달러 빚진 게 있다. (owes, ten dollars, me, my little brother)

→ _____

4 그녀는 조직을 변화시킬 어떤 계획에도 반대했다.

(opposed, to change, she, any plan, the organization)

→ _____

D 단어와 영어 뜻을 연결하세요. 영영풀이

1 earn   •   • ⓐ usual

2 oppose •   • ⓑ to get something for work that you do

3 originally •   • ⓒ to be against or disagree

4 typical •   • ⓓ at first, for the first time

E 영어 단어를 듣고 받아 적은 후 그 단어의 뜻을 쓰세요. 받아쓰기 🎧

	English	Korean		English	Korean
1			14		
2			15		
3			16		
4			17		
5			18		
6			19		
7			20		
8			21		
9			22		
10			23		

☐ **approval** 361 [əprúːvəl]	명 승인, 동의, 찬성 approve 통 승인하다, 찬성하다	give **approval** 승인하다 He always hoped for his father's **approval**. 그는 늘 아버지의 동의를 바랐다.
☐ **chemistry** 362 [kémistri]	명 화학	We can invent new things using **chemistry**. 우리는 화학을 이용해서 새로운 것들을 발명할 수 있다.
☐ **crisis** 363 [kráisəs]	명 위기, 고비 crises	The mother's illness was a huge **crisis** for the family. 그 어머니의 병은 가족에게 커다란 위기였다.
☐ **crop** 364 [krɑp]	명 농작물	Their main **crop** is tomatoes. 그들의 주요 농작물은 토마토이다.
☐ **detective** 365 [ditéktiv]	명 형사, 탐정	The **detective** was looking for clues around the crime scene. 그 형사는 범죄 현장 주변에서 단서를 찾고 있었다.
☐ **funeral** 366 [fjúːnərəl]	명 장례식	Many people attended his **funeral**. 많은 사람들이 그의 장례식에 참석했다.
☐ **policy** 367 [páləsi]	명 정책, 규정, 방침	The students asked for a change in the school's uniform **policy**. 학생들은 학교의 교복 규정에 변화를 요구했다.
☐ **system** 368 [sístəm]	명 제도, 체계 systematic 형 체계적인	All living things are connected in a complex **system**. 모든 생물은 복잡한 체계에 연결돼 있다.
☐ **concentrate** 369 [kánsəntrèit]	명 농축액 통 집중하다, 집중시키다 concentration 명 집중	This orange juice is made from **concentrate**. 이 오렌지 주스는 농축액으로 만들어진 것이다. Please **concentrate** on the lecture. 강의에 집중하세요.
☐ **stare** 370 [stɛər]	명 응시 통 응시하다, 빤히 쳐다보다	His **stare** made her feel uncomfortable. 그가 응시하는 것이 그녀를 불편하게 했다. Everyone **stared** at the pretty dog. 모두들 그 예쁜 개를 빤히 쳐다봤다.
☐ **advise** 371 [ədváiz]	통 조언하다, 충고하다 advice 명 조언, 충고	I **advise** you to wear a dress to the party. 파티에 드레스를 입고 가길 조언해.

□ **determine** 372 [ditə́ːrmin]	동 결정하다 동 밝혀내다 명 determination 명 결의, 결정	I determined to study **abroad**. 나는 유학 가기로 결정했다. The doctors couldn't **determine** which illness I had. 의사들은 내가 어떤 병인지 밝혀내지 못했다.
□ **frighten** 373 [fráitən]	동 겁나게 하다 형 frightening 형 겁나게 하는, 무서운	Please don't **frighten** the children by shouting. 소리를 쳐서 아이들을 겁나게 하지 마세요.
□ **relieve** 374 [rilíːv]	동 완화시키다, 덜어주다 명 relief 명 안도, 안심	A massage will help **relieve** your stress. 마사지는 스트레스를 더는 데 도움이 될 거야.
□ **utilize** 375 [júːtəlàiz]	동 이용하다, 활용하다 명 utilization 명 이용, 활용	We have to **utilize** this opportunity. 우리는 이 기회를 이용해야 한다.
□ **amusing** 376 [əmjúːziŋ]	형 재미있는 동 amuse 동 즐겁게 하다 amusement 명 즐거움	She tells very **amusing** stories. 그녀는 아주 재미있는 이야기들을 한다.
□ **delicate** 377 [déləkit]	형 민감한 형 연약한 형 섬세한	He talked about a **delicate** subject. 그는 민감한 주제에 대해 얘기했다. **delicate** skin 연약한 피부 It has a **delicate** design. 그것은 디자인이 섬세하다.
□ **mental** 378 [méntəl]	형 정신의, 마음의 명 mentality 명 정신 상태	Some people suffer from **mental** illnesses. 어떤 사람들은 정신적인 병을 앓고 있다.
□ **ordinary** 379 [ɔ́ːrdənèri]	형 보통의 형 평범한	**ordinary** people 보통 사람들 They lived in an **ordinary** house. 그들은 평범한 집에서 살았다.
□ **plain** 380 [plein]	형 분명한, 평범한 형 아무것도 섞지 않은 명 평원, 평야	the **plain** truth 분명한 사실 I would like my coffee **plain**, please. 제 커피는 아무것도 섞지 말고 주세요. a vast **plain** 광활한 평야

Voca Up　　　**chemistry**

chemistry는 '화학'을 뜻하지만 전혀 다른 뜻으로 '(남녀 간의) 끌림, 연애 감정' 또는 '(사람들 간의) 친밀감, 공감대'를 뜻하기도 한다.

EX. There is no **chemistry** between us. (우리 사이에는 끌림이 없어.)

The **chemistry** of our team was great. (우리 팀은 친밀감이 대단했어.)

정답 pp.170~176

A 빈칸에 알맞은 말을 넣어 어구를 완성하세요.

1 give _____ (승인하다)

2 a huge _____ (커다란 위기)

3 his _____ (그의 장례식)

4 a complex _____ (복잡한 체계)

5 a _____ subject (민감한 주제)

B 우리말을 참고하여 문장 속에 알맞은 단어를 써 넣으세요.

1 We can invent new things using _____.
(우리는 화학을 이용해서 새로운 것들을 발명할 수 있다.)

2 Please _____ on the lecture. (강의에 집중하세요.)

3 The doctors couldn't _____ which illness I had.
(의사들은 내가 어떤 병인지 밝혀내지 못했다.)

4 A massage will help _____ your stress.
(마사지는 스트레스를 더는 데 도움이 될 거야.)

5 They lived in an _____ house. (그들은 평범한 집에서 살았다.)

C 우리말과 같은 뜻이 되도록 괄호 안의 단어를 배열하세요.

1 모두들 그 예쁜 개를 빤히 쳐다봤다. (stared, the pretty, everyone, at, dog)
→ _____

2 우리는 이 기회를 이용해야 한다. (this, utilize, have to, opportunity, we)
→ _____

3 그녀는 아주 재미있는 이야기들을 한다. (amusing, tells, stories, very, she)

→ _____

4 어떤 사람들은 정신적인 병을 앓고 있다. (suffer from, some, illnesses, people, mental)

→ _____

D 단어와 영어 뜻을 연결하세요. 영영풀이

1 detective ・

2 advise ・

3 frighten ・

4 ordinary ・

・ⓐ a person who investigates crimes

・ⓑ to make someone feel afraid

・ⓒ average, common or usual

・ⓓ to tell someone what you think they should do

E 영어 단어를 듣고 받아 적은 후 그 단어의 뜻을 쓰세요. 받아쓰기 🎧

	English	Korean		English	Korean
1			14		
2			15		
3			16		
4			17		
5			18		
6			19		
7			20		
8			21		
9			22		
10			23		

DAY 20

MP3

□ **defense** 381
[diféns]
명 방어, 보호
명 국방
🔵 defend 동 방어하다

We pay for the **defense** of our country.
우리는 국가 방위를 위해 돈을 낸다.
defense policy 국방 정책

□ **evidence** 382
[évidəns]
명 증거, 근거
🔵 evident 형 명백한, 분명한

There was no **evidence** to show that the man did the crime.
그 남자가 죄를 저질렀다는 것을 보여줄 증거가 없었다.

□ **generation** 383
[dʒènəréiʃən]
명 세대, 시대

I have different values from my parents' **generation**.
나는 우리 부모님 세대와 다른 가치관을 가지고 있다.

□ **mechanic** 384
[məkǽnik]
명 정비사

I take my car to a very good **mechanic**.
나는 아주 훌륭한 정비사에게로 내 차를 가져간다.

□ **officer** 385
[ɔ́(:)fisər]
명 경찰관, 장교
🔵 police officer 명 경찰관

His father was an **officer** in the navy.
그의 아버지는 해군에서 장교셨다.

□ **physics** 386
[fíziks]
명 물리학

To become an engineer, you must understand **physics**.
기술자가 되기 위해서는 물리학을 이해해야 한다.

□ **reaction** 387
[riǽkʃən]
명 반응
🔵 react 동 반응하다

What was their **reaction** to the news?
그 소식을 듣고 그들의 반응은 어땠어요?

□ **ease** 388
[i:z]
명 쉬움, 편함
동 완화하다, 덜어주다
🔵 easy 형 쉬운

We climbed the hill with **ease**.
우리는 쉽게 언덕을 올랐다.
The medicine **eased** his pain.
그 약은 그의 고통을 덜어주었다.

□ **delight** 389
[diláit]
명 기쁨, 환희
동 기쁘게 하다, 즐겁게 하다
🔵 delighted 형 매우 기쁜

with[in] **delight** 기쁨에 차서
She **delighted** the children by making balloon animals.
그녀는 동물 모양 풍선들을 만들어 아이들을 기쁘게 해줬다.

□ **lack** 390
[læk]
명 부족, 결핍
동 부족하다, ~이 없다

We were surprised by her **lack** of sympathy.
우리는 그녀가 동정심이 없는 것에 놀랐다.
I **lack** the skills to fix this broken toaster.
나는 이 고장 난 토스트기를 고칠 기술이 없다.

□ **comfort** 391 [kʌ́mfərt]	몡 편안함, 위안 통 위로하다, 달래다 땡 comfortable 혱 편안한	This book is a great **comfort** to him. 이 책은 그에게 큰 위안을 준다. My friend **comforts** me when I feel upset. 내 친구는 내가 화가 나면 달래준다.
□ **abandon** 392 [əbǽndən]	통 버리다, 포기하다	We had to **abandon** our car due to heavy snow. 우리는 심한 눈 때문에 차를 포기해야 했다.
□ **acquire** 393 [əkwáiər]	통 얻다, 습득하다	You **acquired** an accent after living in England. 너는 영국에서 산 후 억양이 생겼다.
□ **conclude** 394 [kənklúːd]	통 결론짓다, 완료하다 땡 conclusion 몡 결론	The study **concluded** that the company was responsible. 그 연구는 그 회사가 책임이 있다고 결론지었다.
□ **involve** 395 [inválv]	통 수반하다 통 개입시키다 땡 involvement 몡 관여, 개입	**involve** some risks 약간의 위험을 수반하다 I don't want to **involve** my brother in this argument. 나는 이 논쟁에 남동생을 개입시키고 싶지 않다.
□ **appropriate** 396 [əpróupriət]	혱 적절한, 적합한 땡 inappropriate 혱 부적절한	Your sneakers are **appropriate** for the hike. 네 운동화는 등산에 적합하다.
□ **complex** 397 [kámpleks]	혱 복잡한, 복합적인 몡 콤플렉스 몡 복합건물 땡 complexity 몡 복잡함	She was impressed by the **complex** argument. 그녀는 복잡한 논거에 큰 인상을 받았다. have a **complex** (about) (~에) 콤플렉스가 있다 That girl lives in my apartment **complex**. 저 소녀는 우리 아파트 단지에 산다.
□ **greedy** 398 [gríːdi]	혱 탐욕스러운, 욕심 많은 땡 greed 몡 탐욕	We should try not to be **greedy**. 우리는 욕심을 많이 부리지 않도록 노력해야 한다.
□ **medical** 399 [médikəl]	혱 의학의, 의료의 땡 medicine 몡 의학, 약	He has some **medical** problems. 그는 의학적 문제가 좀 있다.
□ **suitable** 400 [súːtəbl]	혱 적당한, 적합한 땡 unsuitable 혱 부적당한	This is a **suitable** place for our new garden. 여기는 우리의 새 정원으로 적당한 장소이다.

Voca Up　　　**appropriate과 suitable**

appropriate과 suitable은 매우 유사해서 종종 바꿔 쓸 수 있다. 단, appropriate은 '(상황·때에) 적절한'의 의미가 좀 더 강하고, suitable은 '(특징·자질 등이) ~하기에 적당한'의 의미가 좀 더 강하다. 또 각각 반대말이 in-과 un-을 붙여 inappropriate, unsuitable인 것도 주의하자.

정답 pp.170~176

A 빈칸에 알맞은 말을 넣어 어구를 완성하세요.

1 the _____ of our country (국가 방위)

2 my parents' _____ (우리 부모님 세대)

3 their _____ to the news (그 소식에 대한 그들의 반응)

4 a great _____ (커다란 위안)

5 _____ problems (의학적 문제들)

B 우리말을 참고하여 문장 속에 알맞은 단어를 써 넣으세요.

1 To become an engineer, you must understand _____.
(기술자가 되기 위해서는 물리학을 이해해야 한다.)

2 She _____ the children by making balloon animals.
(그녀는 동물 모양 풍선들을 만들어 아이들을 기쁘게 해줬다.)

3 We had to _____ our car due to heavy snow.
(우리는 심한 눈 때문에 차를 포기해야 했다.)

4 I don't want to _____ my brother in this argument.
(나는 이 논쟁에 남동생을 개입시키고 싶지 않다.)

5 She was impressed by the _____ argument.
(그녀는 복잡한 논거에 큰 인상을 받았다.)

C 우리말과 같은 뜻이 되도록 괄호 안의 단어를 배열하세요.

1 나는 아주 훌륭한 정비사에게로 내 차를 가져간다.
(my car, to, I, mechanic, take, a very good)
→ _____

2 우리는 쉽게 언덕을 올랐다. (climbed, with, we, the hill, ease)
→ _____

3 우리는 그녀가 동정심이 없는 것에 놀랐다.

(surprised, of sympathy, we, her lack, were, by)

→ _____

4 네 운동화는 등산에 적합하다.

(for, your sneakers, are, the hike, appropriate)

→ _____

D 단어와 영어 뜻을 연결하세요. 영영풀이

1 evidence ·   · ⓐ wanting more than you need

2 acquire ·   · ⓑ signs that something exists or is true

3 conclude ·   · ⓒ to get or gain something

4 greedy ·   · ⓓ to decide or finish

E 영어 단어를 듣고 받아 적은 후 그 단어의 뜻을 쓰세요. 받아쓰기 🎧

	English	Korean		English	Korean
1			14		
2			15		
3			16		
4			17		
5			18		
6			19		
7			20		
8			21		
9			22		
10			23		

☐ **celebration** 401
[sèləbréiʃən]
명 축하(행사), 기념(행사)
celebrate 통 축하하다

We will have a big **celebration** for Thanksgiving.
우리는 추수감사절 기념행사를 크게 열 것이다.

☐ **fault** 402
[fɔ:lt]
명 잘못, 책임
명 결점

I believe this problem was my **fault**.
이 문제는 내 잘못이었다고 생각한다.
For all her **faults**, I still love her.
그녀의 모든 결점에도 불구하고 나는 여전히 그녀를 사랑한다.

☐ **judgment** 403
[dʒʌ́dʒmənt]
명 판단(력), 평가, 판결
judge
통 판단하다, 평가하다, 판결하다
형 심판, 심사위원, 판사

Use your **judgment** to decide right from wrong. 옳고 그름을 결정하기 위해 네 판단력을 이용해라.
make a **judgment** 판단하다, 평가를 내리다

☐ **secretary** 404
[sékrətèri]
명 비서, 장관

She worked as the president's **secretary** for three years. 그녀는 3년간 회장의 비서로 일했다.

☐ **presentation** 405
[prè:zəntéiʃən]
명 발표, 프레젠테이션

I am preparing for my big **presentation** on Thursday. 나는 목요일에 있을 중요한 발표를 준비 중이다.
give a **presentation** 발표를 하다

☐ **surface** 406
[sə́:rfis]
명 표면

The **surface** of the lake froze in December.
호수의 표면이 12월에 얼어붙었다.
on the **surface** 표면에, 겉보기에는

☐ **advance** 407
[ədvǽns]
명 발전, 진보
통 발전하다, 진보하다
advanced 형 발전된, 상급의

This discovery is a huge **advance** for cancer research.
이 발견은 암 연구에 있어서 커다란 발전이다.
in **advance** 미리
Computer technology has **advanced** quickly. 컴퓨터 기술은 빠르게 발전했다.

☐ **stamp** 408
[stæmp]
명 우표, 도장
통 도장을 찍다

This document has a **stamp** on it.
이 문서는 도장이 찍혀 있다.
The teacher **stamped** each child's homework. 그 선생님은 각 아이의 숙제에 도장을 찍었다.

☐ **press** 409
[pres]
명 언론기관, 기자단
통 누르다, 밀다

He went to the **press** with his story.
그는 자신의 이야기를 가지고 언론사에 갔다.
Press the button to open the door.
문을 열려면 버튼을 누르세요.

☐ **analyze** 410
[ǽnəlàiz]
통 분석하다
analysis 명 분석

The doctors **analyzed** the x-rays.
의사들이 엑스레이들을 분석했다.

☐ **afford** [411](ID=412) [əfɔ́ːrd]	통 ~을 살 여유가 있다, 감당할 수 있다	Only some people can **afford** that luxury car. 일부 사람들만이 그 고급 차를 살 여유가 된다. I can't **afford** to buy it. 나는 그것을 살 여유가 안 된다.
☐ **behave** [412](ID=412) [bihéiv]	통 행동하다, 처신하다 관 behavior 명 행동	We must **behave** well in front of Grandma. 우리는 우리 할머니 앞에서 얌전히 행동해야 한다.
☐ **define** [413](ID=413) [difáin]	통 정의하다, 규정하다 관 definition 명 정의	Please **define** the meaning of love to you. 당신에게 사랑의 의미가 뭔지 정의해 보세요.
☐ **maintain** [414](ID=414) [meintéin]	통 유지하다 통 주장하다 관 maintenance 명 유지	They try to **maintain** a calm atmosphere in the office. 그들은 사무실에서 조용한 분위기를 유지하도록 노력한다. They **maintain** that economic reforms are urgent. 그들은 경제적 개혁이 시급하다고 주장한다.
☐ **relax** [415](ID=415) [rilǽks]	통 쉬다, 긴장을 풀다, 긴장을 풀게 하다 관 relaxing 형 편안하게 하는 relaxed 형 편안한, 여유로운	She drinks hot tea to **relax**. 그녀는 긴장을 풀기 위해 뜨거운 차를 마신다. This medicine will **relax** your muscles. 이 약은 당신 근육의 긴장을 풀게 할 것입니다.
☐ **aware** [416](ID=416) [əwɛ́ər]	형 알고[인식하고] 있는	We were not **aware** of the holiday. 우리는 휴일인지 모르고 있었다.
☐ **careful** [417](ID=417) [kɛ́ərfəl]	형 조심성 있는, 주의 깊은 반 careless 형 부주의한, 경솔한	She is a very **careful** driver. 그녀는 매우 조심성 있는 운전자이다.
☐ **gentle** [418](ID=418) [dʒéntl]	형 부드러운, 온화한, 순한	Be **gentle** with baby animals. 동물의 새끼들은 부드럽게 다뤄라.
☐ **extremely** [419](ID=419) [ikstríːmli]	부 극도로, 몹시 관 extreme 형 극도의	I am **extremely** full after the huge meal. 나는 거한 식사를 하고 나서 배가 몹시 부르다.
☐ **partly** [420](ID=420) [páːrtli]	부 부분적으로, 어느 정도 관 part 명 부분	She was **partly** responsible for the car crash. 그녀는 자동차 충돌 사고에 어느 정도 책임이 있었다.

Voca Up　　　　**secretary**

secretary는 '비서'를 뜻하기도 하지만 대문자로 써서 '장관'을 뜻하기도 한다. 한편, '장관'은 minister로도 표현한다.

U.S. Secretary of State 미국 국무장관　　　U.S. Secretary of Defense 미국 국방장관

foreign minster 외무부 장관

EXERCISE

정답 pp.170~176

A 빈칸에 알맞은 말을 넣어 어구를 완성하세요.

1 make a _____ (판단하다)

2 give a _____ (발표를 하다)

3 on the _____ (표면에, 겉보기에는)

4 in _____ (미리)

5 a very _____ driver (매우 조심성 있는 운전자)

B 우리말을 참고하여 문장 속에 알맞은 단어를 써 넣으세요.

1 She worked as the president's _____ for three years.
(그녀는 3년간 회장의 비서로 일했다.)

2 This discovery is a huge _____ for cancer research.
(이 발견은 암 연구에 있어서 커다란 발전이다.)

3 The doctors _____ the x-rays. (의사들이 엑스레이들을 분석했다.)

4 We must _____ well in front of Grandma.
(우리는 우리 할머니 앞에서 얌전히 행동해야 한다.)

5 Be _____ with baby animals. (동물의 새끼들은 부드럽게 다뤄라.)

C 우리말과 같은 뜻이 되도록 괄호 안의 단어를 배열하세요.

1 이 문제는 내 잘못이었다고 생각한다. (believe, my, I, was, this, fault, problem)
→ _____

2 일부 사람들만이 그 고급 차를 살 여유가 된다.
(can, that, only some, luxury car, afford, people)
→ _____

3 그들은 사무실에서 조용한 분위기를 유지하도록 노력한다.

(a calm, in the office, they, maintain, atmosphere, try to)

→ _____

4 우리는 휴일인지 모르고 있었다. (not, the holiday, were, of, we, aware)

→ _____

D 단어와 영어 뜻을 연결하세요. 영영풀이

1 fault ·   · ⓐ to a very great degree

2 define ·   · ⓑ to say what the meaning of something is

3 relax ·   · ⓒ to rest or feel calm and comfortable

4 extremely ·   · ⓓ a mistake, especially something you can
                          be blamed for

E 영어 단어를 듣고 받아 적은 후 그 단어의 뜻을 쓰세요. 받아쓰기 🎧

	English	Korean		English	Korean
1			11		
2			12		
3			13		
4			14		
5			15		
6			16		
7			17		
8			18		
9			19		
10			20		

40일 완성

DAY 22

MP3

□ **chip** ⁴²¹
[tʃip]

명 튀김 과자, 칩스

He brought **chips** to the party.
그는 파티에 칩스를 가져왔다.

□ **economics** ⁴²²
[ìːkənámiks]

명 경제학
형 economic 형 경제적인

The man loved to study **economics**.
그 남자는 경제학을 공부하는 것을 매우 좋아했다.

□ **literature** ⁴²³
[lítərətʃùər]

명 문학

This book is a famous work of **literature**.
이 책은 유명한 문학작품이다.

□ **production** ⁴²⁴
[prədʌ́kʃən]

명 생산, 제작
동 produce 동 생산하다

I work in music **production**.
나는 음악 제작 쪽에서 일한다.

□ **risk** ⁴²⁵
[risk]

명 위험, 위기

There are many **risks** in extreme sports.
익스트림 스포츠에는 위험성이 많다.

take a **risk** 위험을 무릅쓰다, 모험하다

□ **theory** ⁴²⁶
[θí(ː)əri]

명 이론, 학설

The scientist had a new **theory**.
그 과학자는 새로운 이론을 내놓았다.

□ **variety** ⁴²⁷
[vəráiəti]

명 다양성
숙 a variety of 다양한

We like to watch a **variety** of movies.
우리는 다양한 영화를 보는 것을 좋아한다.

□ **bark** ⁴²⁸
[baːrk]

명 (개가) 짖는 소리
명 나무 껍질
동 (개가) 짖다

let out a **bark** 짖다

Some tree **bark** can be used for medicine.
어떤 나무 껍질들은 약에 쓰일 수 있다.

The dogs **barked** when the car pulled up.
차가 멈춰 서자 개들이 짖었다.

□ **clap** ⁴²⁹
[klæp]
(clapped - clapped)

명 박수
동 박수[손뼉]치다

Let's give him a **clap**. 그에게 박수를 쳐 줍시다.

The audience **clapped** loudly for the actors.
청중들이 배우들에게 크게 박수를 보냈다.

□ **export** ⁴³⁰
명 [ékspɔːrt]
동 [ikspɔ́ːrt]

명 수출(품)
동 수출하다
반 import 명 수입 동 수입하다

This type of car is an **export**.
이 차종은 수출품이다.

These men **export** cars from Korea to Europe.
이 사람들은 한국에서 유럽으로 차를 수출한다.

□ **accomplish** [431] [əkámpliʃ]	통 성취하다, 이루다 명 accomplishment 명 성취	She **accomplished** a lot in her short life. 그녀는 짧은 생애 동안 많은 것을 이뤘다.
□ **contribute** [432] [kəntríbjuːt]	통 바치다, 기여하다 명 contribution 명 기여, 기부	She **contributes** a lot of time to this organization. 그녀는 이 조직에 많은 시간을 쏟는다.
□ **convince** [433] [kənvíns]	통 확신시키다, 설득하다	They **convinced** me that they were right. 그들은 그들이 옳다는 것을 내게 확신시켰다.
□ **hire** [434] [haiər]	통 고용하다, 채용하다	I would like to **hire** someone to clean my house. 나는 우리 집을 청소해 줄 사람을 고용하고 싶다.
□ **obtain** [435] [əbtéin]	통 획득하다, 얻다	He **obtained** a degree in science. 그는 과학에서 학위를 취득했다.
□ **lower** [436] [lóuər]	통 낮추다, 내리다 형 아래(쪽)의 맨 upper 형 위(쪽)의 형 더 낮은 맨 higher 형 더 높은	They will **lower** the price. 그들은 가격을 내릴 것이다. We went down to the **lower** deck. 우리는 아래쪽 갑판으로 내려갔다. He has a **lower** voice than his father. 그는 그의 아버지보다 더 낮은 목소리를 가지고 있다.
□ **constant** [437] [kánstənt]	형 지속적인, 일정한 맨 constantly 분 지속적으로	Her dog required **constant** attention. 그녀의 개는 지속적인 보살핌을 필요로 했다.
□ **extreme** [438] [ikstríːm]	형 극심한, 극도의	She had an **extreme** fear of heights. 그녀는 극심한 고소공포증이 있었다.
□ **punctual** [439] [pʌ́ŋktʃuəl]	형 시간을 잘 지키는 명 punctuality 형 시간 엄수	He was a **punctual** deliveryman. 그는 시간을 잘 지키는 배달원이었다.
□ **ripe** [440] [raip]	형 (과일 등이) 잘 익은	These tomatoes look juicy and **ripe**. 이 토마토들은 즙이 많고 잘 익은 듯 보인다.

Voca Up	학문명

'경제학'을 뜻하는 economics처럼 학문명 중에는 -s로 끝나는 경우들이 꽤 있다. 이때, 복수가 아니라 단수임에 유의해야 한다.

mathematics 수학   physics 물리학   politics 정치학
ethics 윤리학   linguistics 언어학   statistics 통계학

EXERCISE

정답 pp.170~176

A 빈칸에 알맞은 말을 넣어 어구를 완성하세요.

1 a famous work of _____ (유명한 문학작품)

2 take a _____ (위험을 무릅쓰다)

3 a _____ of movies (다양한 영화)

4 _____ attention (지속적인 보살핌)

5 _____ fear of heights (극심한 고소공포증)

B 우리말을 참고하여 문장 속에 알맞은 단어를 써 넣으세요.

1 The man loved to study _____.
(그 남자는 경제학을 공부하는 것을 매우 좋아했다.)

2 The scientist had a new _____. (그 과학자는 새로운 이론을 내놓았다.)

3 They will _____ the price. (그들은 가격을 내릴 것이다.)

4 He was a _____ deliveryman. (그는 시간을 잘 지키는 배달원이었다.)

5 These tomatoes look juicy and _____.
(이 토마토들은 즙이 많고 잘 익은 듯 보인다.)

C 우리말과 같은 뜻이 되도록 괄호 안의 단어를 배열하세요.

1 청중들이 배우들에게 크게 박수를 보냈다.
(the actors, the audience, for, clapped loudly)
→ _____

2 그녀는 짧은 생애 동안 많은 것을 이뤘다. (a lot, her short life, she, in, accomplished)
→ _____

94

3 그녀는 이 조직에 많은 시간을 쏟는다.

(this organization, she, a lot of, to, contributes, time)

→ _____

4 그는 과학에서 학위를 취득했다. (a degree, he, science, obtained, in)

→ _____

D 단어와 영어 뜻을 연결하세요. 영영풀이

1 clap　　·

2 export　·

3 convince ·

4 hire　　·

· ⓐ to send goods to another country for sale

· ⓑ to persuade someone or make them certain

· ⓒ to employ someone to do a particular job

· ⓓ to make a loud noise by hitting your hands together

E 영어 단어를 듣고 받아 적은 후 그 단어의 뜻을 쓰세요. 받아쓰기 🎧

English	Korean	English	Korean
1		11	
2		12	
3		13	
4		14	
5		15	
6		16	
7		17	
8		18	
9		19	
10		20	

☐ **community** 441 [kəmjú:nəti]	명 지역사회, 공동체	We enjoyed becoming part of a new **community**. 우리는 새로운 지역사회의 일원이 되는 것이 즐거웠다.
☐ **disability** 442 [dìsəbíləti]	명 (신체적·정신적) 장애 ⊕ disabled 형 장애가 있는	My father has a **disability**. 우리 아버지는 장애가 있다. people with **disabilities** 장애인
☐ **element** 443 [éləmənt]	명 요소, 성분	We learn about the **elements** in chemistry. 우리는 화학에서 성분들에 대해 배운다.
☐ **intelligence** 444 [intélidʒəns]	명 지능, 지성 ⊕ intelligent 형 지적인, 총명한	high **intelligence** 높은 지능 She was very proud of her own **intelligence**. 그녀는 자신의 지성에 대해 무척 자랑스러워했다.
☐ **lid** 445 [lid]	명 뚜껑	Be sure to put the **lid** on the ice cream. 아이스크림에 뚜껑 덮는 것 잊지 마.
☐ **viewer** 446 [vjú:ər]	명 시청자, 관객	The show has a lot of **viewers**. 그 프로그램은 시청자가 많다.
☐ **feature** 447 [fí:tʃər]	명 특징, 특색 동 (영화, 전시 등에서) 보여주다, 출연시키다	The new model has many new **features**. 새 모델에는 새로운 특징들이 많다. This movie **features** my two favorite actors. 이 영화에는 내가 아주 좋아하는 배우 두 명이 나온다.
☐ **suspect** 448 명 [sʌ́spekt] 동 [səspékt]	명 용의자, 피의자 동 ~이 아닐까 생각하다, 의심하다 ⊕ suspicion 명 의심	The **suspect** was arrested by the police at his home. 용의자가 자택에서 경찰에 체포됐다. I **suspect** that he is lying. 나는 그가 거짓말을 하고 있지 않나 생각한다.
☐ **pat** 449 [pæt]	명 토닥거림, 어루만짐 동 토닥거리다, 어루만지다	He gave his dogs a **pat** before leaving. 그는 떠나기 전에 개들을 토닥거렸다. She **patted** the cookie dough into little lumps. 그녀는 쿠키 반죽을 톡톡 두드려 작은 덩어리들로 만들었다.
☐ **adjust** 450 [ədʒʌ́st]	동 조절하다 동 적응하다 ⊕ adjustment 명 조절, 적응	Will you **adjust** the temperature in the room, please? 방 온도 좀 조절해 주시겠어요? He quickly **adjusted** to the new environment. 그는 새 환경에 빨리 적응했다.

□ **emphasize** [451] [émfəsàiz]	통 강조하다 ᠍᠍ emphasis 명 강조	She **emphasized** the importance of keeping good records. 그녀는 좋은 기록을 유지하는 것의 중요성을 강조했다.
□ **heal** [452] [hi:l]	통 치유되다, 치유하다	The cut in my foot is **healing** quickly. 내 발의 상처가 빠르게 낫고 있다.
□ **interpret** [453] [intə́ːrprit]	통 통역하다 통 해석하다 ᠍᠍ interpretation 명 통역, 해석 interpreter 명 통역사	She **interpreted** what the Russian visitor said. 그녀는 러시아 방문객이 한 말을 통역했다. **interpret** the hidden meaning 숨은 뜻을 해석하다
□ **pursue** [454] [pərsúː]	통 추구하다, 추진하다 ᠍᠍ pursuit 명 추구	Will you **pursue** a higher degree after finishing college? 대학교를 마친 후 더 상위의 학위를 추구할 건가요?
□ **reveal** [455] [riví:l]	통 밝히다, 드러내다 ᠍᠍ conceal 통 숨기다	I **revealed** my plans to get married. 나는 결혼할 계획을 밝혔다.
□ **surround** [456] [səráund]	통 둘러싸다	High mountains **surround** the village. 높은 산들이 그 마을을 둘러싸고 있다.
□ **bold** [457] [bould]	형 과감한, 대담한 형 (활자가) 볼드의	They made some **bold** decisions. 그들은 과감한 결정들을 내렸다. All of the new words are printed in **bold** type. 모든 새로운 단어는 볼드체로 인쇄된다.
□ **competitive** [kəmpétitiv] [458]	형 경쟁적인, 경쟁심이 강한 ᠍᠍ competition 명 경쟁 compete 통 경쟁하다	highly **competitive** 경쟁이 치열한 Toby is a very **competitive** soccer player. 토비는 경쟁심이 아주 강한 축구 선수이다.
□ **enormous** [459] [inɔ́ːrməs]	형 거대한, 막대한	An **enormous** cloud appeared in the sky. 하늘에 거대한 구름이 나타났다.
□ **unable** [460] [ʌnéibl]	형 (to) ~할 수 없는 ᠍᠍ able (to) 형 ~할 수 있는	We were **unable** to guess her age. 우리는 그녀의 나이를 추측할 수 없었다.

Voca Up	-sis로 끝나는 명사

-sis로 끝나는 단어들은 대부분 명사이다. 이러한 단어들은 복수형이 -ses이다.

EX. emphasis(강조) - 복 emphases   analysis(분석) - 복 analyses   crisis(위기) - 복 crises
diagnosis(진단) - 복 diagnoses   basis(기초) - 복 bases   thesis(논문) - 복 theses

A 빈칸에 알맞은 말을 넣어 어구를 완성하세요.

1 people with _____ (장애인)

2 high _____ (높은 지능)

3 _____ the temperature (온도를 조절하다)

4 some _____ decisions (과감한 결정들)

5 highly _____ (경쟁이 치열한)

B 우리말을 참고하여 문장 속에 알맞은 단어를 써 넣으세요.

1 We enjoyed becoming part of a new _____.
(우리는 새로운 지역사회의 일원이 되는 것이 즐거웠다.)

2 Be sure to put the _____ on the ice cream.
(아이스크림에 뚜껑 덮는 것 잊지 마.)

3 The show has a lot of _____. (그 프로그램은 시청자가 많다.)

4 The _____ was arrested by the police at his home.
(용의자가 자택에서 경찰에 체포됐다.)

5 She _____ the importance of keeping good records.
(그녀는 좋은 기록을 유지하는 것의 중요성을 강조했다.)

C 우리말과 같은 뜻이 되도록 괄호 안의 단어를 배열하세요.

1 새 모델에는 새로운 특징들이 많다. (has, the new model, many, new features)
→ _____

2 대학교를 마친 후 더 상위의 학위를 추구할 건가요?
(a higher degree, after, will, pursue, you, finishing college)
→ _____

3 나는 결혼할 계획을 밝혔다. (to, I, get married, my plans, revealed)

→ _____

4 우리는 그녀의 나이를 추측할 수 없었다. (to guess, were, her age, we, unable)

→ _____

D 단어와 영어 뜻을 연결하세요. 영영풀이

1 heal   •   • ⓐ to be everywhere around something

2 interpret   •   • ⓑ extremely large

3 surround   •   • ⓒ to make or become well again, especially after injury

4 enormous •   • ⓓ to translate spoken words from one language into another

E 영어 단어를 듣고 받아 적은 후 그 단어의 뜻을 쓰세요. 받아쓰기 🎧

	English	Korean		English	Korean
1			11		
2			12		
3			13		
4			14		
5			15		
6			16		
7			17		
8			18		
9			19		
10			20		

40일 완성

DAY 24

MP3

□ authority [əθɔ́:rəti] ⁴⁶¹	명 권한, 권위	My teacher has **authority** in the classroom. 우리 선생님은 교실에서 권위가 있으시다. the **authorities** (국가, 지역의) 당국
□ characteristic [kæ̀riktərístik] ⁴⁶²	명 특징 형 특유의	What are the **characteristics** of good writing? 좋은 글쓰기의 특징이 뭔가요? This actor has a **characteristic** laugh. 이 배우는 특유의 웃음을 가지고 있다.
□ charity [tʃǽrəti] ⁴⁶³	명 자선단체	My aunt donates a lot of money to **charity**. 우리 이모는 자선단체에 많은 돈을 기부하신다. **charity** work 자선 사업
□ exception [iksépʃən] ⁴⁶⁴	명 예외 ⊕exceptional 형 예외적인, 특출한	Without **exception**, every person must fill out an application. 예외 없이 모든 사람은 신청서를 작성해야 한다. be no **exception** 예외가 아니다
□ intention [inténʃən] ⁴⁶⁵	명 의도, 계획 ⊕intentional 형 의도적인	Hurting your feelings was never my **intention**. 네 기분을 상하게 하려는 의도는 절대 아니었어. good **intentions** 선의
□ nutrition [nju:tríʃən] ⁴⁶⁶	명 영양 섭취	Good **nutrition** is very important for infants. 충분한 영양 섭취는 아기에게 매우 중요하다.
□ slave [sleiv] ⁴⁶⁷	명 노예 ⊕slavery 명 노예제도	African people were forced to work as **slaves** in America. 아프리카인들은 아메리카에서 노예로 일하도록 강요당했다.
□ glow [glou] ⁴⁶⁸	명 은은한 빛, 홍조 통 은은하게 빛나다, 홍조를 띠다	The **glow** of the fire lit up our faces. 불의 은은한 빛이 우리 얼굴을 밝혔다. Fireflies can **glow** in the dark. 반딧불이는 어둠 속에서 빛날 수 있다.
□ load [loud] ⁴⁶⁹	명 짐 통 짐을 싣다	a heavy **load** 무거운 짐 We should **load** up the moving truck in the morning. 우리는 아침에 이사 트럭에 짐을 가득 실어야 한다.
□ slip [slip] (slipped - slipped) ⁴⁷⁰	명 미끄러짐 명 종잇조각 통 미끄러지다, 넘어지다	a **slip** of the tongue 헛나온 말 a **slip** of paper 종이쪽지 Be careful not to **slip** and fall on this ice. 이 얼음판에 미끄러져 넘어지지 않도록 조심해라.

☐ **cooperate** [471] [kouápərèit]	⑧ 협력하다, 협조하다 ⑩ cooperation ⑨ 협력	We all **cooperated** to finish this project on schedule. 우리는 이 프로젝트를 일정대로 끝내기 위해 모두 협력했다.
☐ **digest** [472] [daidʒést]	⑧ 소화하다 ⑧ 이해하다 ⑩ digestion ⑨ 소화	My stomach cannot **digest** milk very well. 내 위는 우유를 그리 잘 소화하지 못한다. **digest** the information 정보를 이해하다
☐ **erase** [473] [iréis]	⑧ 지우다, 없애다	The students helped the teacher **erase** the board. 학생들은 선생님이 칠판을 지우는 것을 도왔다.
☐ **fold** [474] [fould]	⑧ 접다, 포개다	The waiters were **folding** napkins. 웨이터들은 냅킨을 접고 있었다.
☐ **inspect** [475] [inspékt]	⑧ 조사하다, 검사하다 ⑩ inspection ⑨ 조사	The art dealer carefully **inspects** every painting. 그 미술상은 모든 그림을 면밀히 검사한다.
☐ **transform** [476] [trænsfɔ́:rm]	⑧ 변형시키다, 변형되다	Cinderella's dress **transformed** into a fancy ball gown. 신데렐라의 드레스는 멋진 야회복으로 변했다.
☐ **evident** [477] [évidənt]	⑲ 분명한, 명백한 ⑩ evidence ⑨ 증거	It is **evident** that she did not practice hard. 그녀가 열심히 연습하지 않은 것이 분명하다.
☐ **frightening** [478] [fráitniŋ]	⑲ 무서운 ⑩ frighten ⑧ 겁나게 하다	The thunder and lightning were **frightening**. 천둥 번개가 무서웠다.
☐ **mobile** [479] [móubəl]	⑲ 이동식의 ⑲ 모빌, 휴대전화	a **mobile** library 이동 도서관 Give me a call on my **mobile**. 제 휴대전화로 전화 주세요.
☐ **eager** [480] [í:gər]	⑲ 열정적인, 열망하는 ⑩ eagerness ⑨ 열의, 열망	The boy was an **eager** student at school. 그 소년은 학교에서 열정적인 학생이었다. He was **eager** to learn. 그는 배움을 열망했다.

Voca Up	mobile

mobile은 명사일 때 '휴대전화'를 뜻하며, mobile phone과 같은 말이다. 그런데 이는 영국식 표현이며, 미국식 표현에서는 '휴대전화'를 cellular phone 또는 줄여서 cell phone이나 cell이라고 한다.

EXERCISE

정답 pp.170~176

A 빈칸에 알맞은 말을 넣어 어구를 완성하세요.

1 _____ work (자선 사업)

2 be no _____ (예외가 아니다)

3 good _____ (충분한 영양 섭취)

4 the _____ of the fire (불의 은은한 빛)

5 a _____ library (이동 도서관)

B 우리말을 참고하여 문장 속에 알맞은 단어를 써 넣으세요.

1 Hurting your feelings was never my _____.
(네 기분을 상하게 하려는 의도는 절대 아니었어.)

2 We should _____ up the moving truck in the morning.
(우리는 아침에 이사 트럭에 짐을 가득 실어야 한다.)

3 Be careful not to _____ and fall on this ice.
(이 얼음판에 미끄러져 넘어지지 않도록 조심해라.)

4 The art dealer carefully _____ every painting.
(그 미술상은 모든 그림을 면밀히 검사한다.)

5 The waiters were _____ napkins. (웨이터들은 냅킨을 접고 있었다.)

C 우리말과 같은 뜻이 되도록 괄호 안의 단어를 배열하세요.

1 좋은 글쓰기의 특징이 뭔가요? (of, writing, the characteristics, what, good, are)
→ _____

2 우리 이모는 자선단체에 많은 돈을 기부하신다.
(a lot of, charity, my aunt, money, to, donates)
→ _____

3 내 위는 우유를 그리 잘 소화하지 못한다. (digest, my stomach, very well, cannot, milk)

→ _____

4 그 소년은 학교에서 열정적인 학생이었다.

(an eager, at, the boy, school, student, was)

→ _____

D 단어와 영어 뜻을 연결하세요. 영영풀이

1 cooperate ·   · ⓐ to change the form of something

2 erase ·   · ⓑ to act or work together for some purpose

3 transform ·   · ⓒ to remove marks or writing

4 frightening ·   · ⓓ making you feel afraid

E 영어 단어를 듣고 받아 적은 후 그 단어의 뜻을 쓰세요. 받아쓰기 🎧

English	Korean	English	Korean
1		11	
2		12	
3		13	
4		14	
5		15	
6		16	
7		17	
8		18	
9		19	
10		20	

DAY 25

MP3

□ **achievement** ⁴⁸¹ [ətʃíːvmənt]	명 성과, 업적 🔵 achieve 동 성취하다, 이루다	Landing on the Moon was a huge **achievement**. 달 착륙은 엄청난 성과였다.
□ **combat** ⁴⁸² [kámbæt]	명 전투	Many soldiers were killed in **combat**. 많은 군인들이 전투에서 목숨을 잃었다.
□ **concept** ⁴⁸³ [kánsept]	명 개념, 생각	What's your **concept** of an ideal school? 이상적인 학교에 대한 당신의 생각은 무엇인가요?
□ **expense** ⁴⁸⁴ [ikspéns]	명 비용, 경비	She was shocked by the **expense** of private lessons. 그녀는 개인 수업 비용에 무척 놀랐다. living **expenses** 생활비
□ **logic** ⁴⁸⁵ [ládʒik]	명 논리 🔵 logical 형 논리적인	He always uses **logic** to solve his problems. 그는 늘 논리를 사용하여 문제를 해결한다.
□ **lung** ⁴⁸⁶ [lʌŋ]	명 폐, 허파	My grandfather died of **lung** cancer. 우리 할아버지는 폐암으로 돌아가셨다.
□ **needle** ⁴⁸⁷ [níːdl]	명 바늘	She bought a new **needle** to use for sewing. 그녀는 바느질하는 데 쓰려고 새 바늘을 샀다. a **needle** and thread 바늘과 실
□ **warmth** ⁴⁸⁸ [wɔːrmθ]	명 따뜻함, 친밀함 🔵 warm 형 따뜻한	The man's smile was full of **warmth**. 그 남자의 미소는 따뜻함으로 가득 차 있었다.
□ **rescue** ⁴⁸⁹ [réskjuː]	명 구조, 구출 동 구조하다, 구출하다	The **rescue** of the survivors went smoothly. 생존자의 구출이 원활하게 진행됐다. The search team **rescued** the lost girl in the forest. 수색팀은 실종 소녀를 숲에서 구조했다.
□ **seal** ⁴⁹⁰ [siːl]	명 바다표범, 물개 명 밀봉 부분 동 밀폐하다, 밀봉하다	a baby **seal** 새끼 바다표범 break a **seal** 밀봉 부분을 뜯다 He **sealed** the envelope. 그는 봉투를 밀봉했다.
□ **guard** ⁴⁹¹ [gɑːrd]	명 경비원, 경호원 동 보호하다, 경호하다	The **guards** at Buckingham Palace wear big hats. 버킹검 궁전의 근위병들은 큰 모자를 쓴다. The mother eagle **guarded** her babies from the snake. 어미 독수리는 새끼들을 뱀으로부터 보호했다.

□ **bury** 492 [béri] (buried - buried)	통 묻다, 매장하다 ⑩ burial 형 매장	We **buried** out dead pet fish under the tree. 우리는 나무 밑에 죽은 애완용 물고기를 묻었다.
□ **confess** 493 [kənfés]	통 고백하다, 자백하다 ⑩ confession 형 고백	The boy **confessed** that he stole the cookies. 그 소년은 과자를 훔쳤다고 자백했다.
□ **count** 494 [kaunt]	통 세다 통 중요하다 ⑩ countless 형 셀 수 없이 많은, 무수한	The teacher **counted** all of the students on the bus. 선생님은 버스에 있는 모든 학생의 수를 셌다. **count** backward 거꾸로 세다 Every opinion **counts**. 모든 의견은 중요하다.
□ **investigate** 495 [invéstəgèit]	통 조사하다, 수사하다 ⑩ investigation 형 조사, 수사	The detectives will **investigate** the suspicious car. 형사들이 그 수상한 차를 조사할 것이다.
□ **preserve** 496 [prizə́:rv]	통 보존하다, 보호하다	The American Indians **preserve** their culture in songs. 아메리칸 인디언들은 노래 속에 그들의 문화를 보존하고 있다.
□ **wander** 497 [wándər]	통 (목적 없이) 돌아다니다, 배회하다 ⑩ wanderer 형 방랑자	We **wandered** around the festival. 우리는 축제 주위를 돌아다녔다. **wander** the streets 길거리를 배회하다
□ **outer** 498 [áutər]	형 외부의, 바깥의	The **outer** walls of the castle were fifteen feet thick. 성의 외벽은 두께가 15피트였다.
□ **tropical** 499 [trápikəl]	형 열대의	People love to visit **tropical** places on vacation. 사람들은 휴가로 열대 지역을 방문하길 좋아한다. a **tropical** rain forest 열대우림
□ **remarkable** 500 [rimá:rkəbl]	형 놀랄 만한, 주목할 만한	She made a **remarkable** improvement in a very short time. 그녀는 아주 짧은 시간에 놀랄 만한 발전을 했다.

Voca Up	장기의 명칭

인체의 주요 장기를 나타내는 표현들은 다음과 같다.

lung 폐	heart 심장	liver 간	kidney 신장
stomach 위	bowels 장	bladder 방광	

EXERCISE

정답 pp.170~176

A 빈칸에 알맞은 말을 넣어 어구를 완성하세요.

1 a huge _____ (엄청난 성과)

2 living _____ (생활비)

3 a _____ and thread (바늘과 실)

4 break a _____ (밀봉 부분을 뜯다)

5 _____ backward (거꾸로 세다)

B 우리말을 참고하여 문장 속에 알맞은 단어를 써 넣으세요.

1 Many soldiers were killed in _____.
(많은 군인들이 전투에서 목숨을 잃었다.)

2 He always uses _____ to solve his problems.
(그는 늘 논리를 사용하여 문제를 해결한다.)

3 The man's smile was full of _____.
(그 남자의 미소는 따뜻함으로 가득 차 있었다.)

4 People love to visit _____ places on vacation.
(사람들은 휴가로 열대 지역을 방문하길 좋아한다.)

5 She made a _____ improvement in a very short time.
(그녀는 아주 짧은 시간에 놀랄 만한 발전을 했다.)

C 우리말과 같은 뜻이 되도록 괄호 안의 단어를 배열하세요.

1 이상적인 학교에 대한 당신의 생각은 무엇인가요?
(concept, an ideal, what's, school, of, your)
→ _____

2 생존자의 구출이 원활하게 진행됐다. (the survivors, smoothly, the rescue, went, of)
→ _____

3 형사들이 그 수상한 차를 조사할 것이다.

(investigate, car, will, the suspicious, the detectives)

→ _____

4 아메리칸 인디언들은 노래 속에 그들의 문화를 보존하고 있다.

(in, the American Indians, their culture, songs, preserve)

→ _____

D 단어와 영어 뜻을 연결하세요. 영영풀이

1 guard   •

   • ⓐ to put a dead body into the ground

2 bury   •

   • ⓑ to examine a crime, problem, etc. carefully to discover the truth

3 confess   •

   • ⓒ to admit something that you feel embarrassed about

4 investigate •

   • ⓓ someone whose job is to protect a place or person

E 영어 단어를 듣고 받아 적은 후 그 단어의 뜻을 쓰세요. 받아쓰기

English	Korean	English	Korean
1		11	
2		12	
3		13	
4		14	
5		15	
6		16	
7		17	
8		18	
9		19	
10		20	

DAY 26

☐ **application** 501 [æpləkéiʃən]	명 지원(서), 신청(서) 명 (컴퓨터) 애플리케이션 ⊕ apply 동 지원하다, 신청하다	I handed in my **application**. 나는 내 지원서를 냈다. develop computer **applications** 컴퓨터 애플리케이션을 개발하다
☐ **concentration** [kànsəntréiʃən] 502	명 집중 ⊕ concentrate 동 집중하다	The noise outside broke his **concentration**. 밖의 소음이 그의 집중을 흐트러뜨렸다.
☐ **context** 503 [kántekst]	명 문맥 명 상황	My words were taken out of **context**. 내 말은 문맥 없이 인용되었다. the political **context** 정치적 상황
☐ **explosion** 504 [iksplóuʒən]	명 폭발 ⊕ explode 동 폭발하다	**Explosions** sometimes happen at factories. 가끔 공장에서 폭발이 일어난다.
☐ **fate** 505 [feit]	명 운명, 숙명	The jury will decide this woman's **fate**. 배심원단이 이 여인의 운명을 결정지을 것이다.
☐ **license** 506 [láisəns]	명 면허증, 허가증	I have a **license** to drive a car. 나는 운전할 수 있는 면허증이 있다. a driver's **license** 운전면허(증)
☐ **permission** 507 [pərmíʃən]	명 허가, 허락, 승인 ⊕ permit 동 허가하다	Students must get **permission** from their parents to attend the field trip. 학생들은 현장학습에 가려면 부모의 허락을 얻어야 한다.
☐ **warning** 508 [wɔ́ːrniŋ]	명 경고, 경보 ⊕ warn 동 경고하다	We listened to the **warning** about bears. 우리는 곰에 대한 경고를 들었다. give a **warning** 경고하다
☐ **claim** 509 [kleim]	명 주장 명 청구 동 주장하다, (보상 등을) 청구하다	make a **claim** 주장하다, 청구하다 **claim** damages 손해배상을 청구하다 He **claims** he did not see the robber. 그는 강도를 보지 못했다고 주장한다.
☐ **envy** 510 [énvi] (envied - envied)	명 부러움 동 부러워하다 ⊕ envious 형 부러워하는	I felt a bit of **envy**. 나는 약간의 부러움을 느꼈다. The boy **envied** his brother's new bicycle. 그 소년은 형의 새 자전거를 부러워했다.
☐ **slam** 511 [slæm]	명 쾅 닫히는 소리, 쾅 닫기 동 쾅 닫다, 쾅 닫히다	The door closed with a **slam**. 문이 쾅 하며 닫혔다. Don't **slam** the car door. 차 문을 쾅 닫지 마라.

□ **adopt** 512
[ədápt]
⑧ 입양하다
⑧ 도입하다, 채택하다
⑭ adoption 圆 입양, 도입

He plans to **adopt** a child.
그는 아이를 입양할 계획이다.

They **adopted** many Western customs.
그들은 서양의 관습들을 많이 도입했다.

□ **defend** 513
[difénd]
⑧ 방어하다
⑧ 옹호하다, 변호하다
⑭ defense 圆 방어, 옹호

defend themselves from enemies
적으로부터 그들 자신을 방어하다

The mother **defended** her child's actions.
그 어머니는 자기 아이의 행동을 옹호했다.

□ **found** 514
[faund]
⑧ 설립하다, 창립하다
⑪ establish ⑧ 설립하다

The company was **founded** in 2007.
그 회사는 2007년에 창립되었다.

□ **indicate** 515
[índəkèit]
⑧ 나타내다, 보여주다
⑭ indication 圆 나타냄

Her smile **indicated** that she liked the performance.
그녀의 미소는 그녀가 공연을 즐겼다는 것을 나타냈다.

□ **locate** 516
[lóukeit]
⑧ 위치를 찾아내다
⑧ 위치시키다
⑭ location 圆 위치

My GPS cannot **locate** the restaurant you recommended.
내 GPS는 네가 추천한 식당을 찾지 못한다.

The office is **located** in this building.
그 사무실은 이 빌딩에 위치해 있다.

□ **living** 517
[líviŋ]
⑲ 살아 있는
⑲ 생활의
⑲ 생활비

Every **living** thing needs a home.
모든 생물은 집이 필요하다.

living conditions 생활 환경

make a **living** 생활비를 벌다

□ **reverse** 518
[rivə́ːrs]
⑲ 반대의, 역(逆)의
⑧ 뒤집다, 후진하다
⑲ 정반대, 후진

The names are listed in **reverse** order.
이름들은 역순으로 나열돼 있다.

She **reversed** her earlier opinion.
그녀는 초반의 의견을 뒤집었다.

in **reverse** 거꾸로, 반대로

□ **tidy** 519
[táidi]
⑲ 정돈된, 깔끔한
⑭ untidy, messy
⑲ 어질러진
⑧ 정리하다

She lived in a clean and **tidy** little apartment.
그녀는 깨끗하고 정돈된 작은 아파트에 살았다.

Be sure to **tidy** up your room before you go out. 나가기 전에 방 정리하는 것 잊지 마.

□ **vertical** 520
[və́ːrtikəl]
⑲ 수직의, 세로의
⑭ horizontal ⑲ 수평의

a **vertical** line 수직선

The shirt has **vertical** stripes.
그 셔츠는 세로 줄무늬가 있다.

Voca Up	envy와 jealousy

envy(부러움)와 jealousy(질투)는 함께 비교해서 알아두면 좋다. 비슷하지만 약간 다른 뜻을 가지고 있으며, envy는 명사와 동사로 모두 쓰이지만, jealousy는 명사로만 쓰이고 '질투하다'는 be jealous이다. 또, 각 단어의 형용사형은 envious(부러워하는), jealous(질투하는)이다.

EXERCISE

정답 pp.170~176

A 빈칸에 알맞은 말을 넣어 어구를 완성하세요.

1 a job _____ (취업 지원서)

2 a driver's _____ (운전면허증)

3 give a _____ (경고하다)

4 make a _____ (생활비를 벌다)

5 a _____ line (수직선)

B 우리말을 참고하여 문장 속에 알맞은 단어를 써 넣으세요.

1 The noise outside broke his _____.
(밖의 소음이 그의 집중을 흐트러뜨렸다.)

2 My words were taken out of _____. (내 말은 문맥 없이 인용되었다.)

3 He _____ he did not see the robber.
(그는 강도를 보지 못했다고 주장한다.)

4 The boy _____ his brother's new bicycle.
(그 소년은 형의 새 자전거를 부러워했다.)

5 The names are listed in _____ order. (이름들은 역순으로 나열돼 있다.)

C 우리말과 같은 뜻이 되도록 괄호 안의 단어를 배열하세요.

1 배심원단이 이 여인의 운명을 결정지을 것이다.
(will, this woman's, the jury, fate, decide)
→ _____

2 그는 아이를 입양할 계획이다. (plans, a child, he, adopt, to)
→ _____

3 그 회사는 2007년에 창립되었다. (was, in, the company, 2007, founded)

→ _____

4 그 사무실은 이 빌딩에 위치해 있다. (is, in, located, the office, this building)

→ _____

D 단어와 영어 뜻을 연결하세요. 영영풀이

1 permission ·

· ⓐ to show or point in another way

2 defend ·

· ⓑ arranged neatly and with everything in order

3 indicate ·

· ⓒ the act of allowing somebody to do something

4 tidy ·

· ⓓ to protect somebody or something from attack

E 영어 단어를 듣고 받아 적은 후 그 단어의 뜻을 쓰세요. 받아쓰기 🎧

English	Korean	English	Korean
1		11	
2		12	
3		13	
4		14	
5		15	
6		16	
7		17	
8		18	
9		19	
10		20	

40일 완성

DAY 27

MP3

☐ **container** 521
[kəntéinər]

명 용기, 컨테이너
⊕ contain 동 포함하다, 함유하다

We need bigger **containers** for these plants. 우리는 이 화초들을 담을 더 큰 용기가 필요하다.

☐ **employee** 522
[implɔíː]

명 직원
⊕ employ 동 고용하다
employer 명 고용주

This company has ten full-time **employees**. 이 회사에는 열 명의 정규직 직원이 있다.

☐ **ingredient** 523
[ingríːdiənt]

명 재료, 성분

Sesame oil is the secret **ingredient** in this recipe. 참기름은 이 조리법에서 비장의 재료이다.

☐ **injury** 524
[índʒəri]

명 부상
⊕ injure 동 부상을 입히다

The soccer player suffered an **injury** to his knee. 그 축구선수는 무릎에 부상을 입었다.
serious[minor] **injury** 심각한[경미한] 부상

☐ **leather** 525
[léðər]

명 가죽

Rockers like to wear black **leather** jackets.
록커들은 검은색 가죽 재킷을 입길 좋아한다.

☐ **liquid** 526
[líkwid]

명 액체
형 액체의, 액상의
⊕ solid 명 고체 형 고체의

Mercury is metal and also **liquid**.
수은은 금속이면서 액체이다.
We use **liquid** soap. 우리는 액체 비누를 사용한다.

☐ **politician** 527
[pàlitíʃən]

명 정치가
⊕ politics 명 정치

That man is a famous **politician**.
저 사람은 유명한 정치가이다.

☐ **range** 528
[reindʒ]

명 범위
명 종류
동 (범위가) ~에 이르다

a price **range** 가격대
a wide **range** of experience 다양한 종류의 경험
The students' ages range from 13 to 15.
학생들의 연령 범위가 13세부터 15세까지에 이른다.

☐ **splash** 529
[splæʃ]

명 (물 등의) 철썩 튀는 소리,
(음료 등의) 소량
동 (물 등이) 철썩 튀다,
(물 등을) 철썩 끼얹다

I heard a loud **splash**.
나는 크게 철썩 하는 소리를 들었다.
splash around 물장난 치며 놀다

□ **acknowledge** [əknɑ́lidʒ] ⁵³⁰	屠 인정하다 ㉵ acknowledgement 몡 인정	He **acknowledged** that the book had some problems. 그는 책이 문제가 좀 있다는 것을 인정했다.
□ **consist** ⁵³¹ [kənsíst]	屠 (of) ~으로 이루어지다 [구성되다]	This drink **consists** of apple juice and orange peels. 이 음료는 사과 주스와 오렌지 껍질로 이루어져 있다.
□ **delete** ⁵³² [dilíːt]	屠 삭제하다, 지우다	I **deleted** the file from my computer. 나는 내 컴퓨터에서 그 파일을 삭제했다.
□ **fulfill** ⁵³³ [fulfíl]	屠 충족시키다, 이루어주다 ㉵ fulfillment 몡 충족감, 성취	This new product will **fulfill** your dreams. 이 신제품은 당신의 꿈을 이루어줄 것입니다.
□ **prohibit** ⁵³⁴ [prouhíbit]	屠 (공식적으로) 금지하다	Smoking is **prohibited** at the bus stop. 버스정류장에서 흡연이 금지되어 있다.
□ **absent** ⁵³⁵ [ǽbsənt]	혱 결석한, 결근한, 부재한 ㉵ absence 몡 결석, 결근, 부재	Half the class was **absent** because of the flu. 반 학생 절반이 독감으로 결석했다.
□ **courageous** ⁵³⁶ [kəréidʒəs]	혱 용기 있는 ㉵ courage 몡 용기	He was a **courageous** leader. 그는 용기 있는 지도자였다.
□ **strict** ⁵³⁷ [strikt]	혱 엄격한, 철저한 ㉵ strictly 뛤 엄격하게	This school is very **strict** about the dress code. 이 학교는 복장 규정에 대해 매우 엄격하다.
□ **particular** ⁵³⁸ [pərtíkjulər]	혱 특정한, 특별한 ㉵ particularly 뛤 특별히	She has a **particular** way of wearing a scarf. 그녀는 스카프를 하는 특정한 방법이 있다.
□ **technical** ⁵³⁹ [téknikəl]	혱 기술의 ㉵ technique 몡 기술 혱 전문적인	This system has **technical** problems. 이 시스템은 기술적인 문제가 있다. She has many **technical** skills for solving computer problems. 그녀는 컴퓨터 문제를 해결하는 전문 기술들을 많이 가지고 있다.
□ **urban** ⁵⁴⁰ [ə́ːrbən]	혱 도시의 ㉵ rural 혱 시골의	She prefers an **urban** environment. 그녀는 도시 환경을 더 좋아한다.

Voca Up　　　　**금지하다**

prohibit은 '(공식적으로) 금지하다'인데 비슷한 표현으로 forbid가 있다. 두 표현 모두 be prohibited/be forbidden(금지되다)의 수동태로 잘 쓰인다. 한편, 일반적으로 '막다, 못하게 하다'는 stop이나 prevent를 쓴다. prohibit, forbid, stop, prevent 모두 주로 뒤에 from을 써서 〈prohibit/forbid/stop/prevent＋사람＋from -ing〉로 표현한다.

EXERCISE

정답 pp.170~176

A 빈칸에 알맞은 말을 넣어 어구를 완성하세요.

1 serious _____ (심각한 부상)

2 a famous _____ (유명한 정치가)

3 a price _____ (가격대)

4 a _____ leader (용기 있는 지도자)

5 an _____ environment (도시 환경)

B 우리말을 참고하여 문장 속에 알맞은 말을 써 넣으세요.

1 Rockers like to wear black _____ jackets.
(록커들은 검은색 가죽 재킷을 입길 좋아한다.)

2 He _____ that the book had some problems.
(그는 책이 문제가 좀 있다는 것을 인정했다.)

3 This drink _____ _____ apple juice and orange peels.
(이 음료는 사과 주스와 오렌지 껍질로 이루어져 있다.)

4 This new product will _____ your dreams.
(이 신제품은 당신의 꿈을 이루어줄 것입니다.)

5 She has a _____ way of wearing a scarf.
(그녀는 스카프를 하는 특정한 방법이 있다.)

C 우리말과 같은 뜻이 되도록 괄호 안의 단어를 배열하세요.

1 우리는 이 화초들을 담을 더 큰 용기가 필요하다.
(need, these plants, bigger, for, we, containers)
→ _____

2 이 회사에는 열 명의 정규직 직원이 있다.
(has, employees, this, ten, company, full-time)
→ _____

3 반 학생 절반이 독감으로 결석했다.

(was, because of, half the class, the flu, absent)

→ _____

4 이 학교는 복장 규정에 대해 매우 엄격하다.

(about, this school, very, strict, the dress code, is)

→ _____

D 단어와 영어 뜻을 연결하세요. 영영풀이

1 injury ·   · ⓐ to remove something that has been written

2 delete ·   · ⓑ a wound or damage to part of your body

3 prohibit ·   · ⓒ of or in a city or town

4 urban ·   · ⓓ to officially refuse to allow something

E 영어 단어를 듣고 받아 적은 후 그 단어의 뜻을 쓰세요. 받아쓰기

	English	Korean		English	Korean
1			11		
2			12		
3			13		
4			14		
5			15		
6			16		
7			17		
8			18		
9			19		
10			20		

MP3

☐ amount [əmáunt] ⁵⁴¹	명 양, 금액	What **amount** of fuel do we need? 우리는 얼마만큼의 연료가 필요한가요? a large[small] **amount** 많은[적은] 양
☐ confidence [kánfidəns] ⁵⁴²	명 자신감 명 신뢰 📷 confident 형 자신감 있는, 확신하는	Your compliments gave me **confidence**. 당신의 칭찬이 제게 자신감을 줬어요. lose **confidence** in them 그들에 대한 신뢰를 잃다
☐ continent [kántənənt] ⁵⁴³	명 대륙	The world has seven different **continents**. 세계에는 일곱 개의 서로 다른 대륙이 있다.
☐ department [dipá:rtmənt] ⁵⁴⁴	명 부서 명 매장	I work in a marketing **department**. 나는 마케팅 부서에서 일한다. She loved shopping in the shoe **department**. 그녀는 신발 매장에서 쇼핑하는 것을 아주 좋아했다.
☐ mass [mæs] ⁵⁴⁵	명 덩어리 명 대량 형 대량의, 대규모의	a **mass** of dough 반죽 덩어리 a **mass** of information 대량의 정보 A **mass** rally was held to protest the new law. 새 법에 반대하고자 대규모 집회가 열렸다.
☐ revolution [rèvəlú:ʃən] ⁵⁴⁶	명 혁명, 개혁 📷 revolutionary 형 혁명적인	Many countries in the Middle East are experiencing **revolutions**. 많은 중동국가들이 개혁을 겪고 있다.
☐ transportation [trænspərtéiʃən] ⁵⁴⁷	명 교통체계, 교통수단 📷 transport 동 운송하다	This car is my only **transportation**. 이 차가 내 유일한 교통수단이다.
☐ divorce [divɔ́:rs] ⁵⁴⁸	명 이혼 동 이혼하다	He had a hard time with the **divorce**. 그는 이혼으로 힘겨운 시간을 보냈다. The woman **divorced** her husband last month. 그 여자는 남편과 지난 달 이혼했다.
☐ encounter [inkáuntər] ⁵⁴⁹	명 우연한 만남 동 직면하다, 우연히 만나다	I had an **encounter** with an old friend. 나는 옛 친구를 우연히 만났다. I hope we don't **encounter** any problems. 나는 우리가 아무 문제에도 직면하지 않기를 바란다.
☐ sacrifice [sǽkrəfàis] ⁵⁵⁰	명 희생 동 희생하다	We made many **sacrifices** for the children. 우리는 아이들을 위해 많은 희생을 했다. She **sacrificed** her career to take care of her family. 그녀는 가족을 돌보기 위해 경력을 희생했다.

☐ **appoint** 551
[əpɔ́int]

图 임명하다

回 appointment 몡 예약, 임명

They **appointed** him as vice president.
그들은 그를 부회장으로 임명했다.

☐ **dare** 552
[dɛər]

图 감히[과감히] ~하다

She **dared** to try bungee jumping on
vacation. 그녀는 휴가 때 과감히 번지점프를 시도해 보았다.

☐ **devote** 553
[divóut]

图 (시간·노력 등을) ~에
쏟다

回 devotion 몡 전념, 헌신

He **devotes** all his spare time to gardening.
그는 여가 시간을 모두 정원 가꾸기에 쏟는다.

He **devoted** himself to writing a novel.
그는 소설을 쓰는 데 전념했다.

☐ **generate** 554
[dʒénərèit]

图 생성하다, 만들어내다

回 generation 몡 세대, 생성

We can **generate** some new ideas for this
project.
우리는 이 프로젝트에 대한 새 아이디어들을 낼 수 있다.

☐ **revise** 555
[riváiz]

图 (계획·문구 등을)
변경하다, 수정하다

回 revision 몡 수정, 개정

She **revised** her story many times.
그녀는 자신의 이야기를 여러 번 수정했다.

☐ **broke** 556
[brouk]

몡 무일푼의, 빈털터리의

I can't go shopping today because I am
broke. 나 무일푼이라서 오늘 쇼핑 못 가.

☐ **determined** 557
[ditə́:rmind]

몡 단호한, 결심이 확고한

回 determination 몡 결의,
의지

We were **determined** to finish the whole
hike. 우리는 하이킹을 모두 마치려는 결심이 확고했다.

☐ **inevitable** 558
[inévitəbl]

몡 불가피한, 피할 수 없는

The earthquake was an **inevitable** disaster.
지진은 피할 수 없는 재난이었다.

☐ **underwater** 559
[ʌ̀ndərwɔ́:tər]

몡 수중의
믿 수중에서, 수중으로

underwater plants 수중 식물

She likes to swim **underwater.**
그녀는 수중에서 수영하길 좋아한다.

☐ **vast** 560
[væst]

몡 광대한, 엄청난

They were in a **vast** desert.
그들은 광대한 사막에 있었다.

Voca Up	결혼, 이혼, 약혼

'결혼하다'는 marry, '이혼하다'는 divorce인데 뒤에 with를 쓰지 않으므로 주의해야 한다.

marry ~~with~~ someone   divorce ~~with~~ someone

또, get -ed를 써서 '결혼, 이혼, 약혼'을 표현한다.

get married 결혼하다   get divorced 이혼하다   get engaged 약혼하다

EXERCISE

A 빈칸에 알맞은 말을 넣어 어구를 완성하세요.

1 a large _____ (많은 양)

2 lose _____ (자신감을 잃다)

3 a _____ desert (광대한 사막)

4 _____ plants (수중 식물)

5 an _____ disaster (피할 수 없는 재난)

B 우리말을 참고하여 문장 속에 알맞은 단어를 써 넣으세요.

1 The world has seven different _____.
(세계에는 일곱 개의 서로 다른 대륙이 있다.)

2 This car is my only _____. (이 차가 내 유일한 교통수단이다.)

3 We made many _____ for the children.
(우리는 아이들을 위해 많은 희생을 했다.)

4 He _____ all his spare time to gardening.
(그는 여가 시간을 모두 정원 가꾸기에 쏟는다.)

5 We were _____ to finish the whole hike.
(우리는 하이킹을 모두 마치려는 결심이 확고했다.)

C 우리말과 같은 뜻이 되도록 괄호 안의 단어를 배열하세요.

1 우리는 얼마만큼의 연료가 필요한가요? (do we, what, of fuel, need, amount)
→ _____

2 그는 이혼으로 힘겨운 시간을 보냈다. (a hard time, the divorce, he, with, had)
→ _____

118

3 나는 우리가 아무 문제에도 직면하지 않기를 바란다.
(any problems, we, I, don't, hope, encounter)

→ _____

4 그들은 그를 부회장으로 임명했다. (him, vice president, appointed, as, they)

→ _____

D 단어와 영어 뜻을 연결하세요. 영영풀이

1 revolution ·   · ⓐ a complete change

2 encounter ·   · ⓑ to produce or cause something

3 generate ·   · ⓒ to change something because of new
ideas

4 revise ·   · ⓓ to experience something or meet
someone unexpectedly

E 영어 단어를 듣고 받아 적은 후 그 단어의 뜻을 쓰세요. 받아쓰기 🎧

	English	Korean		English	Korean
1			11		
2			12		
3			13		
4			14		
5			15		
6			16		
7			17		
8			18		
9			19		
10			20		

MP3

□ **charm** 561
[tʃɑːrm]
명 매력
charming 형 매력적인

That girl has a lot of **charm**.
저 여자아이는 매력이 많다.

□ **consequence** 562
[kánsəkwèns]
명 결과
명 영향

Your foolish actions will have bad **consequences**.
당신의 어리석은 행동은 나쁜 결과를 가져올 것이다.

social **consequences** 사회적 영향

□ **consumer** 563
[kənsúːmər]
명 소비자
consume 동 소비하다

Consumers are happy with the high quality of this product.
소비자들은 이 제품의 높은 품질에 만족하고 있다.

□ **edge** 564
[edʒ]
명 가장자리, 끝부분

He sat on the **edge** of his seat for the whole concert.
그는 콘서트 내내 좌석 끝부분에 앉아 있었다.

□ **institution** 565
[ìnstitjúːʃən]
명 기관
명 제도

The college is one of the oldest **institutions** in the city.
그 대학은 시에서 가장 오래된 교육 기관 중 하나이다.

the **institution** of marriage 결혼 제도

□ **plenty** 566
[plénti]
명 다량, 다수

We have **plenty** of food for the party.
우리는 파티 음식이 많이 있다.

□ **stream** 567
[striːm]
명 시내, 개울

We crossed several **streams**.
우리는 여러 개의 개울을 건넜다.

□ **superstition** 568
[sùːpərstíʃən]
명 미신
superstitious 형 미신을 믿는, 미신의

Each culture has its own unique **superstitions**.
각 문화는 고유의 독특한 미신들을 가지고 있다.

□ **debate** 569
[dibéit]
명 토론, 논쟁
동 토론하다

heated **debate** 열띤 논쟁

The students **debated** about their dress code. 학생들은 복장 규정에 대해 토론했다.

□ **demonstrate** 570
[démənstrèit]
동 입증하다, 보여주다
동 시위하다
demonstration 명 시위, 입증, 시범

Let me **demonstrate** how the new vacuum works.
이 새 진공청소기가 어떻게 작동하는지 제가 보여드리죠.

Many people **demonstrated** against the new law. 많은 사람들이 새 법에 반대해 시위를 했다.

□ **exceed** 571
[iksíːd]
동 넘어서다, 초과하다
excess 명 과잉, 초과

The restaurant **exceeded** our expectations.
그 식당은 우리 기대를 넘어섰다.

exceed the speed limit 속도 제한을 초과하다

□ **inspire** 572
[inspáiər]
툉 고무하다, 영감을 주다
➊ inspiration 몡 영감, 동기

Gandhi's speeches **inspire** many people to this day.
간디의 연설은 오늘날까지 많은 사람들에게 영감을 준다.

□ **reproduce** 573
[rìːprədjúːs]
툉 번식하다
툉 복제하다, 재현하다
➊ reproduction 몡 번식, 복제

Rabbits can **reproduce** very quickly.
토끼는 매우 빠르게 번식할 수 있다.
They **reproduced** the famous painting.
그들은 그 유명한 그림을 복제했다.

□ **scatter** 574
[skǽtər]
툉 흩뿌리다
툉 흩어지다

We **scattered** the seeds across the ground.
우리는 땅 곳곳에 씨앗을 뿌렸다.
The sheep **scattered** when the wolf appeared. 늑대가 나타나자 양들이 흩어졌다.

□ **vibrate** 575
[váibreit]
툉 진동하다
➊ vibration 몡 진동

The water **vibrated** in the cup.
물이 컵 안에서 진동했다.

□ **bare** 576
[bɛər]
혱 맨 살을 드러낸
혱 (나무가) 잎이 다 떨어진

bare feet 맨발
The tree branches are **bare** in the winter.
나뭇가지들은 겨울에 잎이 다 떨어진다.

□ **dense** 577
[dens]
혱 밀집한, 빽빽한
➊ density 몡 밀집도, 밀도

This area has a **dense** population.
이 지역은 인구가 밀집해 있다.

□ **horizontal** 578
[hɔ(ː)rəzántəl]
혱 수평의
혱 가로의
➊ vertical 혱 수직의, 세로의

a **horizontal** line 수평선
The dress was covered in **horizontal** stripes.
그 드레스는 가로 줄무늬로 덮여 있었다.

□ **remote** 579
[rimóut]
혱 외딴, 멀리 떨어진
몡 리모컨

They lived in a **remote** village.
그들은 외딴 마을에 살았다.
Will you pass me the TV **remote**?
TV 리모컨 좀 건네줄래요?

□ **virtual** 580
[vɔ́ːrtʃuəl]
혱 사실상의
혱 가상의

The man was a **virtual** stranger.
그 남자는 사실상 낯선 사람이었다.
Virtual reality games are becoming more popular. 가상 현실 게임이 더욱 인기를 얻고 있다.

Voca Up	많은

'많은'을 뜻하는 표현은 plenty of, a lot of, lots of, many, a great number of, much, a great deal of 등이 있다. 이 중에 plenty of, a lot of, lots of는 뒤에 가산명사와 불가산명사가 모두 올 수 있다. 하지만 many 와 a great number of 뒤에는 셀 수 있는 명사(복수)가 오고, much와 a great deal of 뒤에는 셀 수 없는 명 사가 온다.

EXERCISE

정답 pp.170~176

A 빈칸에 알맞은 말을 넣어 어구를 완성하세요.

1 have bad _____ (나쁜 결과를 가져오다)

2 _____ of food (많은 음식)

3 _____ the speed limit (속도 제한을 초과하다)

4 _____ feet (맨발)

5 a _____ line (수평선)

B 우리말을 참고하여 문장 속에 알맞은 단어를 써 넣으세요.

1 He sat on the _____ of his seat for the whole concert.
(그는 콘서트 내내 좌석 끝부분에 앉아 있었다.)

2 Each culture has its own unique _____.
(각 문화는 고유의 독특한 미신들을 가지고 있다.)

3 Gandhi's speeches _____ many people to this day.
(간디의 연설은 오늘날까지 많은 사람들에게 영감을 준다.)

4 We _____ the seeds across the ground.
(우리는 땅 곳곳에 씨앗을 뿌렸다.)

5 _____ reality games are becoming more popular.
(가상 현실 게임이 더욱 인기를 얻고 있다.)

C 우리말과 같은 뜻이 되도록 괄호 안의 단어를 배열하세요.

1 저 여자아이는 매력이 많다. (a lot of, girl, charm, that, has)
→ _____

2 학생들은 복장 규정에 대해 토론했다.
(about, the students, dress code, debated, their)
→ _____

3 많은 사람들이 새 법에 반대해 시위를 했다.

(people, against, law, demonstrated, the new, many)

→ _____

4 그들은 외딴 마을에 살았다. (a remote, they, in, lived, village)

→ _____

D 단어와 영어 뜻을 연결하세요. 영영풀이

1 consumer ·   · ⓐ to be greater than a number or amount

2 stream   ·   · ⓑ someone who buys and uses products

3 exceed   ·   · ⓒ a small narrow river

4 vibrate   ·   · ⓓ to shake very quickly and with small movements

E 영어 단어를 듣고 받아 적은 후 그 단어의 뜻을 쓰세요. 받아쓰기 🎧

English	Korean	English	Korean
1		11	
2		12	
3		13	
4		14	
5		15	
6		16	
7		17	
8		18	
9		19	
10		20	

□ crow ⁵⁸¹ [krou]	명 까마귀	I saw a black **crow** fly over the trees. 나는 검은 까마귀가 나무 위로 날아가는 것을 보았다.
□ dew ⁵⁸² [dju:]	명 이슬	Drops of **dew** on the leaves shine in the morning light. 나뭇잎 위의 이슬 방울들이 아침 햇살에 빛난다.
□ instruction ⁵⁸³ [instrʌ́kʃən]	명 (-s) 사용설명서 명 지시(사항)	follow the **instructions** 사용설명서를 따르다 Mom left us **instructions** for dinner. 엄마가 저녁 식사에 관한 지시사항들을 남기셨다.
□ foundation ⁵⁸⁴ [faundéiʃən]	명 기반, 기초 명 재단	The **foundation** of this building is very strong. 이 건물의 기반은 매우 튼튼하다. Bill Gates started a **foundation** to help people in need. 빌게이츠는 어려운 사람들을 돕기 위해 재단을 창설했다.
□ identity ⁵⁸⁵ [aidéntəti]	명 신분, 신원	The spy keeps his **identity** secret. 그 스파이는 신분을 비밀로 유지한다.
□ obstacle ⁵⁸⁶ [ábstəkl]	명 장애, 장애물	There were many **obstacles** to his success. 그의 성공에는 장애가 많았다. overcome an **obstacle** 장애를 극복하다
□ scale ⁵⁸⁷ [skeil]	명 규모, 범위 명 저울	on a large **scale** 대규모로 The **scale** will tell you how much weight you gained. 저울이 네가 몸무게가 얼마나 늘었는지 말해줄 것이다.
□ bet ⁵⁸⁸ [bet]	명 내기 동 돈을 걸다 동 장담하다	have a **bet** 내기를 하다 **bet** on the horse 그 말에 돈을 걸다 She **bet** me that she could run faster than me. 그녀는 자기가 나보다 더 빨리 달릴 수 있다고 내게 장담했다.
□ conduct ⁵⁸⁹ 명 [kándʌkt] 동 [kəndʌ́kt]	명 행위 동 실시하다 동 지휘하다	good **conduct** 선행 They will **conduct** an experiment on the mice. 그들은 쥐를 가지고 실험을 실시할 것이다. **conduct** an orchestra 오케스트라를 지휘하다

□ **attain** 591 [ətéin]	图 (목적 등을) 달성하다, (지위 등에) 도달하다 ⊕ attainment 圐 달성, 도달	She **attained** an important position in the government. 그녀는 정부의 요직에 도달했다.
□ **classify** 592 [klǽsəfài] (classified - classified)	图 분류하다 ⊕ classification 圐 분류	We **classify** butterflies as insects. 우리는 나비를 곤충으로 분류한다.
□ **construct** 593 [kənstrʌ́kt]	图 건설하다 ⊕ construction 圐 건설 constructive 圀 건설적인	The company **constructed** an entirely new building. 그 회사는 완전히 새로운 건물을 건설했다.
□ **proceed** 594 [prəsíːd]	图 계속 진행하다, 나아가다	You may **proceed** to the next gate. 다음 문으로 나아가셔도 됩니다.
□ **disgusting** 595 [disgʌ́stiŋ]	圀 혐오스러운, 역겨운 ⊕ disgust 圐 혐오, 질색	There was some **disgusting** smell. 역겨운 냄새가 좀 났다.
□ **durable** 596 [djú(ː)ərəbl]	圀 내구성이 좋은, 튼튼한 ⊕ durability 圐 내구성	These jeans are very **durable**. 이 데님바지는 아주 튼튼하다.
□ **gradual** 597 [grǽdʒəwəl]	圀 점진적인 ⊕ gradually 囝 점차적으로 ⊕ sudden 圀 갑작스런	His attitude had a **gradual** change. 그의 태도에 점진적인 변화가 있었다.
□ **needless** 598 [níːdlis]	圀 불필요한, 쓸데없는	Let's avoid a **needless** argument. 불필요한 논쟁은 피하자.
□ **regular** 599 [régjulər]	圀 정기적인, 규칙적인 ⊕ regularly 囝 정기적으로 圐 단골	We have **regular** weekly meetings. 우리는 정기적으로 주간 회의를 갖는다. That man is a **regular** at this café. 저 남자는 이 카페 단골이다.
□ **vain** 600 [vein]	圀 헛된	a **vain** hope 헛된 희망 We tried in **vain** to stop the fight. 우리는 싸움을 말리려 했지만 소용없었다.

Voca Up	신분증

identity는 '신분'을 뜻하는데, 신분의 증명이 되는 '신분증'은 identification (card) 또는 ID card라고 한다. 신분증의 종류로는 passport(여권), driver's license(운전면허증), school ID card(학생증) 등이 있다.

EXERCISE

정답 pp.170~176

A 빈칸에 알맞은 말을 넣어 어구를 완성하세요.

1 drops of _____ (이슬 방울)

2 follow the _____ (사용설명서를 따르다)

3 overcome an _____ (장애를 극복하다)

4 a _____ argument (불필요한 논쟁)

5 on a large _____ (대규모로)

B 우리말을 참고하여 문장 속에 알맞은 단어를 써 넣으세요.

1 The spy keeps his _____ secret. (그 스파이는 신분을 비밀로 유지한다.)

2 She _____ me that she could run faster than I.
(그녀는 자기가 나보다 더 빨리 달릴 수 있다고 내게 장담했다.)

3 Mosquitoes _____ campers by the lake.
(모기들이 호숫가의 야영객들을 짜증 나게 했다.)

4 You may _____ to the next gate. (다음 문으로 나아가셔도 됩니다.)

5 We tried in _____ to stop the fight.
(우리는 싸움을 말리려 했지만 소용없었다.)

C 우리말과 같은 뜻이 되도록 괄호 안의 단어를 배열하세요.

1 이 건물의 기반은 매우 튼튼하다. (this building, very strong, the foundation, is, of)
→ _____

2 그들은 쥐를 가지고 실험을 실시할 것이다.
(will, an experiment, the mice, they, on, conduct)
→ _____

3 우리는 나비를 곤충으로 분류한다. (butterflies, insects, we, as, classify)

→ _____

4 역겨운 냄새가 좀 났다. (was, smell, there, disgusting, some)

→ _____

D 단어와 영어 뜻을 연결하세요. 영영풀이

1 attain ·

· ⓐ staying in good condition for a long time

2 construct ·

· ⓑ to reach or succeed in getting something

3 durable ·

· ⓒ to build something such as a house, bridge, road, etc.

4 gradual ·

· ⓓ happening slowly over a long period of time

E 영어 단어를 듣고 받아 적은 후 그 단어의 뜻을 쓰세요. 받아쓰기 🎧

	English	Korean		English	Korean
1			11		
2			12		
3			13		
4			14		
5			15		
6			16		
7			17		
8			18		
9			19		
10			20		

☐ **appointment** [əpɔ́intmənt] 601	명 약속, 예약	I have an **appointment** with the doctor at 2 pm. 나는 오후 2시에 의사와 약속이 있다. make an **appointment** 약속을 잡다
☐ **capital** 602 [kǽpitəl]	명 수도(首都) 명 자금 형 대문자의 형 사형죄의	Seoul is the **capital** of Korea. 서울은 한국의 수도이다. The rich man has a lot of **capital** for his investments. 그 부유한 남자는 투자를 할 자금이 많다. a **capital** letter 대문자 **capital** punishment 사형
☐ **copyright** 603 [kápiràit]	명 저작권, 판권	We have a **copyright** on this book. 우리는 이 책에 대한 판권을 가지고 있다.
☐ **employer** 604 [implɔ́iər]	명 고용주 관 employ 통 고용하다 employment 명 고용	My **employer** treats the whole staff fairly. 우리 고용주는 전 직원을 공정하게 대한다.
☐ **fame** 605 [feim]	명 명성, 명망	**Fame** sometimes changes people's personalities. 명성은 때때로 사람들의 성격을 바꾼다. achieve **fame** 명성을 얻다
☐ **first aid** 606 [fə́:rst eíd]	명 응급 처치(법)	All babysitters should know some basic **first aid**. 모든 보모들은 기본적인 응급 처치법을 알아야 한다. **first aid** kit 구급상자
☐ **mustache** 607 [mʌ́stæʃ]	명 콧수염 반 beard 명 턱수염	He is growing a **mustache**. 그는 콧수염을 기르고 있다.
☐ **term** 608 [tə:rm]	명 용어 명 임기, 학기	a medical **term** 의학 용어 It's already the end of **term**. 벌써 학기 말이다.
☐ **account** 609 [əkáunt]	명 설명 명 계좌 통 (for) 설명하다	an **account** about what happened 무슨 일이 일어났는지에 관한 설명 I don't have much money in my **account**. 내 계좌에 돈이 많지 않다. How do you **account** for all of these mistakes? 이 모든 실수를 어떻게 설명할 건가요?
☐ **reform** 610 [rifɔ́:rm]	명 개혁, 개선 통 개선하다	She proposed many **reforms** to the current law. 그녀는 현재의 법에 많은 개정을 제안했다. They need to **reform** their political system. 그들은 정치 제도를 개선해야 한다.

□ **crawl** 611 [krɔːl]	图 기다, 기어가다	The baby is quickly learning to **crawl**. 그 아기는 기는 법을 빨리 배우고 있다.
□ **dedicate** 612 [dédəkèit]	图 바치다 图 헌정하다 國 dedication 명 헌신	I **dedicate** a lot of time to learning the guitar. 나는 기타를 배우는 데 많은 시간을 바친다. She **dedicated** the book to her mother. 그녀는 어머니에게 그 책을 헌정했다.
□ **postpone** 613 [poustpóun]	图 연기하다, 미루다	We will **postpone** the soccer match until next Friday. 우리는 축구 경기를 다음 금요일까지 연기할 것이다.
□ **tend** 614 [tend]	图 ~하는 경향이 있다, 보통 ~하다 國 tendency 명 경향	She **tends** to eat chicken more often than beef. 그녀는 보통 소고기보다 닭고기를 더 자주 먹는다.
□ **considerable** [kənsídərəbl] 615	형 상당한	She has **considerable** wealth. 그녀는 상당한 부를 가지고 있다. a **considerable** amount[number] 상당한 양[수]
□ **dizzy** 616 [dízi]	형 어지러운, 현기증이 나는 國 dizziness 명 현기증	She felt **dizzy** after riding the roller coaster. 그녀는 롤러코스터를 타고 난 후 어지러움을 느꼈다.
□ **multicultural** [mùlticúltrəl] 617	형 다문화의	Many families here are **multicultural**. 이곳의 많은 가정이 다문화 가정이다.
□ **partial** 618 [páːrʃəl]	형 부분적인, 일부의	It was only a **partial** success. 그것은 부분적인 성공일 뿐이었다.
□ **pregnant** 619 [prégnənt]	형 임신한 國 pregnancy 명 임신, 임신 기간	Please give your seat to any **pregnant** woman. 임신한 여성이 있으면 자리를 양보하세요.
□ **sour** 620 [sauər]	형 (맛이) 신 園 salty 형 짠 sweet 형 단 spicy 형 매운, 자극적인	Apples are not as **sour** as lemons. 사과는 레몬만큼 시지 않다. go **sour** (음식이) 쉬다

appointment는 보통 특별한 목적이 있는 공적인 약속에 대해 말할 때 쓴다. 즉, 의사, 고객, 선생님, 미용사 등과의 약속을 appointment라고 하며, 친구를 만나는 약속은 appointment로 쓰지 않는다. 단순히 '약속이 있다'라고 할 때에는 have plans 등의 표현을 쓴다.

EXERCISE

정답 pp.170~176

A 빈칸에 알맞은 말을 넣어 어구를 완성하세요.

1 make an _____ (약속을 잡다)

2 achieve _____ (명성을 얻다)

3 _____ kit (구급상자)

4 a _____ amount (상당한 양)

5 a _____ success (부분적인 성공)

B 우리말을 참고하여 문장 속에 알맞은 단어를 써 넣으세요.

1 My _____ treats the whole staff fairly.
(우리 고용주는 전 직원을 공정하게 대한다.)

2 He is growing a _____. (그는 콧수염을 기르고 있다.)

3 The baby is quickly learning to _____.
(그 아기는 기는 법을 빨리 배우고 있다.)

4 She _____ to eat chicken more often than beef.
(그녀는 보통 소고기보다 닭고기를 더 자주 먹는다.)

5 Please give your seat to any _____ woman.
(임신한 여성이 있으면 자리를 양보하세요.)

C 우리말과 같은 뜻이 되도록 괄호 안의 단어를 배열하세요.

1 내 계좌에 돈이 많지 않다. (don't, my account, I, much money, have, in)
→ _____

2 그들은 정치 제도를 개선해야 한다. (their, need to, system, they, reform, political)
→ _____

3 나는 기타를 배우는 데 많은 시간을 바친다.

(learning, dedicate, to, I, a lot of time, the guitar)

→ _____

4 우리는 축구 경기를 다음 금요일까지 연기할 것이다.

(will, the soccer match, next Friday, we, postpone, until)

→ _____

D 단어와 영어 뜻을 연결하세요. 영영풀이

1 capital ·   · ⓐ great in amount, size, importance, etc.

2 copyright ·   · ⓑ feeling like everything is spinning around

3 considerable ·   · ⓒ a city that is the center of government in
                                       a country or state

4 dizzy ·   · ⓓ the right to be the only maker or seller of
                                       a book, film, etc.

E 영어 단어를 듣고 받아 적은 후 그 단어의 뜻을 쓰세요. 받아쓰기

English	Korean	English	Korean
1		14	
2		15	
3		16	
4		17	
5		18	
6		19	
7		20	
8		21	
9		22	
10		23	

☐ **admission** ⁶²¹ [ədmíʃən]	명 입장, 입학 명 입장료	free **admission** 무료 입장 **Admission** to the circus is ten dollars. 서커스 입장료는 10달러이다.
☐ **ancestor** ⁶²² [ǽnsestər]	명 조상, 선조	Ghengis Khan is an **ancestor** of over 30 million people. 징기스칸은 3천만 명 이상의 조상이다.
☐ **cycle** ⁶²³ [sáikl]	명 주기, 순환	The fruit fly has a very short life **cycle**. 초파리는 매우 짧은 생의 주기를 가지고 있다.
☐ **religion** ⁶²⁴ [rilídʒən]	명 종교, 신앙 religious 형 종교상의, 신앙심이 깊은	Eating pork is against their **religion**. 돼지고기를 먹는 것은 그들의 종교에 위배된다.
☐ **reputation** ⁶²⁵ [rèpjutéiʃən]	명 평판, 명성	He has a **reputation** as an honest and kind man. 그는 정직하고 친절한 사람으로 평판이 나 있다. a good[bad] **reputation** 좋은[나쁜] 평판
☐ **shade** ⁶²⁶ [ʃeid]	명 그늘 명 색조	We rested in the cool **shade** of a tree. 우리는 시원한 나무 그늘에서 쉬었다. a dark **shade** of blue 파란색의 어두운 색조
☐ **tone** ⁶²⁷ [toun]	명 어조, 말투 명 색조	I like her **tone** of voice. 나는 그녀의 목소리 톤이 좋다. different **tones** of red 빨간색의 각기 다른 색조
☐ **violence** ⁶²⁸ [váiələns]	명 폭력 violent 형 폭력적인	The movie has some **violence**. 그 영화에는 약간의 폭력이 나온다.
☐ **harm** ⁶²⁹ [haːrm]	명 피해, 손해 동 해를 끼치다 harmful 형 해로운, 해를 끼치는	do **harm** 해를 끼치다 Cigarettes **harm** your lungs. 담배는 폐에 해를 끼친다.
☐ **snore** ⁶³⁰ [snɔːr]	명 코골기, 코고는 소리 동 코를 골다	A bad **snore** can be a sign of health problems. 심한 코골기는 건강에 문제가 있다는 신호일 수 있다. I can hear my father **snoring** in his room. 아빠가 방에서 코를 고시는 소리가 들린다.

□ **diminish** 631 [dimíniʃ]	통 감소하다, 감소시키다 ⊕ decrease	Their political influence **diminished**. 그들의 정치적 영향력이 감소했다.
□ **hinder** 632 [híndər]	통 방해하다, 지장을 주다 ❹ hindrance 명 방해(물)	The rain **hinders** our baseball practice. 비가 우리의 야구 연습에 지장을 주고 있다.
□ **overflow** 633 [òuvərflóu]	통 (강 등이) 범람하다, (통 등이) 넘치다	The river **overflowed** its banks. 강이 둑을 넘어 범람했다.
□ **presume** 634 [prizú:m]	통 추측하다, 짐작하다 ❹ presumption 명 추측, 가정	I **presume** you don't know what you want. 내가 보기에 너는 네가 원하는 게 뭔지 모르는 것 같다.
□ **tolerate** 635 [tálərèit]	통 용납하다, 견뎌내다 ❹ tolerance 명 관대함, 참을성	I cannot **tolerate** violence in my house. 우리 집에서 폭력을 용납할 수 없다.
□ **apparent** 636 [əpǽrənt]	형 명백한, 분명한	The test made the student's skills **apparent**. 그 시험은 그 학생의 기량이 명백히 보이게 했다.
□ **cozy** 637 [kóuzi]	형 아늑한	This apartment is small, but **cozy**. 이 아파트는 작지만 아늑하다.
□ **massive** 638 [mǽsiv]	형 거대한, 막대한	We found a **massive** spider in the bathroom. 우리는 욕실에서 거대한 거미를 발견했다. a **massive** amount[number] 막대한 양[수]
□ **reliable** 639 [riláiəbl]	형 신뢰할 만한, 믿을 만한 ❹ reliability 명 신뢰성 ❹ unreliable 형 신뢰할 수 없는	We are lucky to rent such a **reliable** car. 우리는 이렇게 믿을 만한 차를 빌려서 운이 좋다.
□ **weird** 640 [wiərd]	형 이상한 ⊕ strange	The children laughed at the teacher's **weird** faces. 아이들은 선생님의 이상한 표정에 웃었다.

Voca Up　　　**do harm[good]**

'해를 끼치다'는 do동사를 써서 do harm으로 표현하는데, 그 반대 표현인 '도움이 되다'는 harm 대신 good을 써서 do good으로 표현한다. 또, harm이나 good 앞에는 대상을 쓸 수 있다.

EX It won't **do** you any **harm**. (그것은 네게 아무런 해도 끼치지 않을 거야.)

It won't **do** you any **good**. (그것은 네게 아무런 도움도 되지 않을 거야.)

EXERCISE

정답 pp.170~176

A 빈칸에 알맞은 말을 넣어 어구를 완성하세요.

1 free _____ (무료 입장)

2 a good _____ (좋은 평판)

3 do _____ (해를 끼치다)

4 a _____ amount (막대한 양)

5 a _____ car (믿을 만한 차)

B 우리말을 참고하여 문장 속에 알맞은 단어를 써 넣으세요.

1 He has a _____ as an honest and kind man.
(그는 정직하고 친절한 사람으로 평판이 나 있다.)

2 We rested in the cool _____ of a tree.
(우리는 시원한 나무 그늘에서 쉬었다.)

3 The movie has some _____. (그 영화에는 약간의 폭력이 나온다.)

4 The river _____ its banks. (강이 둑을 넘어 범람했다.)

5 This apartment is small, but _____. (이 아파트는 작지만 아늑하다.)

C 우리말과 같은 뜻이 되도록 괄호 안의 단어를 배열하세요.

1 아빠가 방에서 코를 고시는 소리가 들린다.
(my father, can hear, in, I, snoring, his room)
→ _____

2 내가 보기에 너는 네가 원하는 게 뭔지 모르는 것 같다.
(you, what you want, presume, don't, I, know)
→ _____

3 우리 집에서 폭력을 용납할 수 없다. (violence, my house, I, tolerate, in, cannot)

→ _____

4 우리는 이렇게 믿을 만한 차를 빌려서 운이 좋다.

(reliable, lucky to, we, rent, car, are, such a)

→ _____

D 단어와 영어 뜻을 연결하세요. 영영풀이

1 ancestor ·   · ⓐ easy to notice, obvious

2 diminish ·   · ⓑ to make it difficult for something to develop or succeed

3 hinder ·   · ⓒ to reduce or be reduced in size or importance

4 apparent ·   · ⓓ a person related to you who lived a long time ago

E 영어 단어를 듣고 받아 적은 후 그 단어의 뜻을 쓰세요. 받아쓰기 🎧

	English	Korean		English	Korean
1			14		
2			15		
3			16		
4			17		
5			18		
6			19		
7			20		
8			21		
9			22		
10			23		

| □ **biography** 641 [baiágrəfi] | 명 전기(傳記) ⓔ autobiography 명 자서전 | Have you read the **biography** of Thomas Edison? 토마스 에디슨의 전기 읽어봤어? |

| □ **colleague** 642 [káli:g] | 명 동료 ⓢ co-worker | You are my favorite **colleague** at the office. 당신은 사무실에서 내가 가장 좋아하는 동료이다. |

| □ **consideration** [kənsìdəréiʃən] 643 | 명 고려, 검토 ⓟ consider 동 고려하다 | Thanks for your **consideration** of my situation. 제 상황을 고려해주셔서 감사합니다. under **consideration** 고려[검토] 중인 |

| □ **currency** 644 [kə́:rənsi] | 명 화폐, 통화 | The **currency** in Thailand is called "baht." 태국의 화폐는 '바트'라고 불린다. **currency** exchange 환전 |

| □ **microscope** 645 [máikrəskòup] | 명 현미경 ⓐ telescope 명 망원경 | We used a **microscope** to look at germs. 우리는 세균을 보기 위해 현미경을 사용했다. |

| □ **resource** 646 [rí:sɔ̀:rs] | 명 자원 명 자료 | natural **resources** 천연자원 The library has many **resources** for research. 그 도서관은 연구를 위한 자료가 많다. |

| □ **self-portrait** 647 [sèlf pɔ́:rtrit] | 명 자화상 | He painted many famous **self-portraits**. 그는 많은 수의 유명한 자화상들을 그렸다. |

| □ **wagon** 648 [wǽgən] | 명 수레, 마차 | This **wagon** can be pulled by horses. 이 수레는 말이 끌 수 있다. |

| □ **murder** 649 [mə́:rdər] | 명 살인, 살해 동 살해하다 | **Murder** is one of the worst crimes. 살인은 최악의 범죄 중 하나이다. The man was **murdered** yesterday. 그 남자는 어제 살해됐다. |

| □ **fund** 650 [fʌnd] | 명 기금, 자금 동 기금[자금]을 제공하다 | They raised **funds** to help sick children. 그들은 아픈 아이들을 돕기 위해 기금을 모금했다. A few companies will **fund** their project. 몇몇 회사가 그들의 프로젝트에 자금을 제공할 것이다. |

☐ **conceive** [651] [kənsíːv]	통 구상하다, 상상하다	We **conceived** the idea for this movie ten years ago. 우리는 10년 전에 이 영화에 대한 아이디어를 구상했습니다.
☐ **crush** [652] [krʌʃ]	통 뭉개다, 으깨다	**Crush** the nuts before you put them in the cookies. 견과를 쿠키에 넣기 전에 으깨세요.
☐ **excel** [653] [iksél] (excelled - excelled)	통 능가하다, 탁월하다 명 excellence 명 탁월함	She **excelled** in math class. 그녀는 수학 수업에서 탁월했다.
☐ **frown** [654] [fraun]	통 찡그리다, 인상 쓰다	He **frowned** at her while she spoke. 그는 그녀가 이야기하는 동안 그녀에게 인상을 썼다.
☐ **notify** [655] [nóutəfài] (notified - notified)	통 통보하다, 알리다 명 notification 명 통보	Please **notify** me if there is any change in the schedule. 일정에 변화가 있으면 제게 알려 주세요.
☐ **submit** [656] [səbmít] (submitted - submitted)	통 제출하다	I **submitted** my paper in the morning. 나는 오전에 리포트를 제출했다.
☐ **complicated** [657] [kámpləkèitid]	형 복잡한 반 simple 형 단순한	This problem is too **complicated** to solve. 이 문제는 풀기가 너무 어렵다.
☐ **sensible** [658] [sénsəbl]	형 현명한, 분별 있는 유 sensitive 형 섬세한, 예민한	It was very **sensible** advice. 그것은 매우 현명한 조언이었다.
☐ **ultimate** [659] [ʌ́ltəmit]	형 궁극적인, 최종의 부 ultimately 부 궁극적으로, 결국	Our **ultimate** goal is winning the championship. 우리의 최종 목적은 선수권을 따는 것이다.
☐ **wireless** [660] [wáiərlis]	형 무선의	I use **wireless** Internet at home. 나는 집에서 무선 인터넷을 사용한다.

Voca Up　　　**crush**

crush는 '뭉개다', '으깨다'의 뜻으로, 명사로 '으깬 과즙'을 나타내기도 한다. 그러나 명사로 전혀 다른 뜻인 '짝사랑', '반함'의 뜻도 있다. have a crush on은 '~을 짝사랑하다', '~에 반하다'의 뜻으로 잘 쓰이는 표현이다.

EX. I **have a crush on** Michael. (나 마이클에게 반했어.)

She **had a** big **crush on** her teacher. (그녀는 선생님에게 완전히 반했었다.)

EXERCISE

A 빈칸에 알맞은 말을 넣어 어구를 완성하세요.

1 my favorite _____ (내가 가장 좋아하는 동료)

2 the _____ in Thailand (태국의 화폐)

3 natural _____ (천연자원)

4 very _____ advice (매우 현명한 조언)

5 our _____ goal (우리의 최종 목적)

B 우리말을 참고하여 문장 속에 알맞은 단어를 써 넣으세요.

1 We used a _____ to look at germs.
(우리는 세균을 보기 위해 현미경을 사용했다.)

2 He painted many famous _____.
(그는 많은 수의 유명한 자화상들을 그렸다.)

3 _____ the nuts before you put them in the cookies.
(견과를 쿠키에 넣기 전에 으깨세요.)

4 He _____ at her while she spoke.
(그는 그녀가 이야기하는 동안 그녀에게 인상을 썼다.)

5 I use _____ Internet at home. (나는 집에서 무선 인터넷을 사용한다.)

C 우리말과 같은 뜻이 되도록 괄호 안의 단어를 배열하세요.

1 제 상황을 고려해주셔서 감사합니다.
(of, for, my situation, your consideration, thanks)
→ _____

2 그 도서관은 연구를 위한 자료가 많다.
(many resources, the library, for, has, research)
→ _____

3 나는 오전에 리포트를 제출했다. (my paper, the morning, I, submitted, in)

→ _____

4 이 문제는 풀기가 너무 어렵다. (too complicated, this problem, solve, is, to)

→ _____

D 단어와 영어 뜻을 연결하세요. 영영풀이

1 biography ·

· ⓐ a book about a person's life

2 fund ·

· ⓑ to think of a new idea, plan, etc.

3 conceive ·

· ⓒ to tell someone about something

4 notify ·

· ⓓ money collected for a particular purpose

E 영어 단어를 듣고 받아 적은 후 그 단어의 뜻을 쓰세요. 받아쓰기 🎧

	English	Korean		English	Korean
1			14		
2			15		
3			16		
4			17		
5			18		
6			19		
7			20		
8			21		
9			22		
10			23		

☐ **capability** 661 [kèipəbíləti]	몡 능력 ⓐ capable 혱 할 수 있는, 유능한	This phone has the **capability** to take pictures. 이 전화기는 사진을 찍을 수 있는 기능이 있다. beyond my **capabilities** 내 능력 밖인
☐ **democracy** 662 [dimákrəsi]	몡 민주주의, 민주주의 국가 ⓐ democratic 혱 민주주의의	It is a principle of **democracy**. 그것은 민주주의의 원칙이다.
☐ **fatigue** 663 [fətíːg]	몡 피로, 피곤	This homework is giving me **fatigue**. 이 숙제는 나를 피곤하게 하고 있다.
☐ **majority** 664 [mədʒɔ́(ː)rəti]	몡 대다수, 과반수 ⓐ minority 몡 소수	The **majority** of people support the law. 대다수의 사람들이 그 법을 지지한다.
☐ **nonsense** 665 [nánsèns]	몡 말도 안 되는 소리	Your stories are always **nonsense**. 네 얘기는 항상 말도 안 되는 소리야.
☐ **surgeon** 666 [sə́ːrdʒən]	몡 외과의사 ⓐ surgery 몡 (외과) 수술	She is an excellent **surgeon**. 그녀는 뛰어난 외과의사이다.
☐ **trail** 667 [treil]	몡 오솔길, 작은 길	We walked along the hiking **trail**. 우리는 등산로를 따라 걸었다.
☐ **tribe** 668 [traib]	몡 부족	We met people from the local **tribe**. 우리는 현지 부족 사람들을 만났다.
☐ **boost** 669 [buːst]	몡 후원, 북돋움, 격려 통 증대시키다, 끌어올리다	get a **boost** 후원[탄력]을 받다 The teacher's praise **boosted** his confidence. 선생님의 칭찬이 그의 자신감을 끌어올렸다.
☐ **drip** 670 [drip]	몡 (액체의) 떨어짐, 떨어지는 소리 통 (액체가) 떨어지다, (액체를) 떨어뜨리다	Do you hear a **drip** in the kitchen? 부엌에서 물 떨어지는 소리 들려? The ceiling **drips** water when it rains heavily. 비가 심하게 오면 천정에서 물이 떨어진다.
☐ **glance** 671 [glæns]	몡 흘끗 봄 통 흘끗 보다	give a **glance** 흘끗 보다 The man **glanced** at his watch. 그 남자는 손목시계를 흘끗 보았다.

□ **compensate** [kámpənsèit] 672	통 보상하다 통 보완하다 🔴 compensation 명 보상, 보상금	He will **compensate** you for your hard work. 그는 너의 노고에 대해 보상을 해 줄 거야. **compensate** for the mistake 실수를 보완하다
□ **emerge** 673 [imə́:rdʒ]	통 나타나다	The tiger **emerged** from the fight without a scratch. 호랑이는 그 싸움에서 상처 하나 없이 나타났다.
□ **exclaim** 674 [ikskléim]	통 (화·감탄 등으로) 외치다 🔴 exclamation 명 외침	She **exclaimed** that the concert was fantastic. 그녀는 콘서트가 끝내줬다고 외쳤다.
□ **gaze** 675 [geiz]	통 응시하다, 가만히 바라보다 명 응시, 시선	She **gazed** up at the moon and stars. 그녀는 달과 별을 가만히 바라봤다. I tried to avoid his **gaze**. 나는 그의 시선을 피하려고 했다.
□ **promote** 676 [prəmóut]	통 증진시키다 통 홍보하다 🔴 promotion 명 홍보, 승진	**promote** peace 평화를 증진시키다 The author is **promoting** his new novel. 그 작가는 새 소설을 홍보하고 있다.
□ **associated** 677 [əsóuʃièitid]	형 연관된 🔴 association 명 협회, 연관성	I am not **associated** with this company. 나는 이 회사와 연관돼 있지 않다.
□ **military** 678 [mílitèri]	형 군사의, 군대의 명 군대	**military** action 군사 행동 He is serving in the **military**. 그는 군대에서 복무 중이다.
□ **respectable** 679 [rispéktəbl]	형 존경할 만한 🔴 respect 통 존경하다	He is a **respectable** leader. 그는 존경할 만한 지도자이다.
□ **successive** 680 [səksésiv]	형 연속된, 연이은	Each **successive** dish was very delicious. 연이어 나온 각 요리가 아주 맛있었다.

Voca Up	doctor

doctor(의사)는 전문과목에 따라 호칭이 세분화된다.
surgeon 외과의사 / physician 내과의사 / pediatrician 소아과의사 / dentist 치과의사
plastic surgeon 성형외과의사 / dermatologist 피부과의사 / psychiatrist 정신과의사

141

정답 pp.170~176

A 빈칸에 알맞은 말을 넣어 어구를 완성하세요.

1 a principle of _____ (민주주의의 원칙)

2 the _____ of people (대다수의 사람들)

3 an excellent _____ (뛰어난 외과의사)

4 the hiking _____ (등산로)

5 a _____ leader (존경할 만한 지도자)

B 우리말을 참고하여 문장 속에 알맞은 단어를 써 넣으세요.

1 We met people from the local _____.
(우리는 현지 부족 사람들을 만났다.)

2 The man _____ at his watch. (그 남자는 손목시계를 흘끗 보았다.)

3 He will _____ you for your hard work.
(그는 너의 노고에 대해 보상을 해 줄 거야.)

4 He is serving in the _____. (그는 군대에서 복무 중이다.)

5 Each _____ dish was very delicious.
(연이어 나온 각 요리가 아주 맛있었다.)

C 우리말과 같은 뜻이 되도록 괄호 안의 단어를 배열하세요.

1 이 전화기는 사진을 찍을 수 있는 기능이 있다.
(the capability, this phone, take pictures, has, to)
→ _____

2 선생님의 칭찬이 그의 자신감을 끌어올렸다.
(his, the teacher's, boosted, praise, confidence)
→ _____

3 그 작가는 자신의 새 소설을 홍보하고 있다.

(is, his, the author, promoting, new novel)

→ _____

4 나는 이 회사와 연관돼 있지 않다. (associated, this company, I, not, with, am)

→ _____

D 단어와 영어 뜻을 연결하세요. 영영풀이

1 fatigue   •   • ⓐ things that don't make sense

2 nonsense •   • ⓑ extreme tiredness

3 trail   •   • ⓒ a path through nature

4 exclaim   •   • ⓓ to say something with excitement or surprise

E 영어 단어를 듣고 받아 적은 후 그 단어의 뜻을 쓰세요. 받아쓰기 🎧

	English	Korean		English	Korean
1			14		
2			15		
3			16		
4			17		
5			18		
6			19		
7			20		
8			21		
9			22		
10			23		

40일 완성

DAY 35

MP3

□ agriculture 681 [ǽɡrəkʌ̀ltʃər]	몡 농업	This region is famous for its **agriculture**. 이 지역은 농업으로 유명하다.
□ earthquake 682 [ə́:rθkwèik]	몡 지진	Japan suffers from frequent **earthquakes**. 일본은 자주 지진을 겪는다.
□ excess 683 몡 [iksés] 혱 [ékses]	몡 과잉, 초과 혱 과도한, 여분의	an **excess** of supply 공급 초과 **Excess** speed can cause an accident. 초과 속도는 사고를 유발할 수 있다.
□ imitation 684 [ìmitéiʃən]	몡 흉내, 모방 몡 모조품 imitate 흉내 내다	She does a funny **imitation** of a goat. 그녀는 염소를 웃기게 흉내 낸다. a cheap **imitation** 싸구려 모조품
□ masterpiece [mǽstərpìːs] 685	몡 걸작, 대작	The Mona Lisa is considered to be a **masterpiece** of painting. 모나리자는 걸작 미술품으로 여겨진다.
□ motive 686 [móutiv]	몡 동기, 의도	We could not figure out his **motive** for stealing. 우리는 그의 절도 동기를 알아낼 수 없었다.
□ organ 687 [ɔ́:rɡən]	몡 장기(臟器), 기관(器官) 몡 오르간	A kidney is an **organ** you can donate. 신장은 기증할 수 있는 장기이다. an electronic **organ** 전자오르간
□ procedure 688 [prəsíːdʒər]	몡 절차, 순서 proceed 진행하다	We follow strict safety **procedures** to prevent accidents. 우리는 사고를 방지하기 위해 엄격한 안전 절차를 따른다.
□ autograph 689 [ɔ́:təɡræf]	몡 서명, 사인 통 서명하다, 사인하다	When I saw the singer, I asked for her **autograph**. 나는 그 가수를 보고 사인을 요청했다. He **autographed** this baseball for me. 그가 내게 이 야구공에 사인을 해줬다.
□ sneeze 690 [sniːz]	몡 재채기 통 재채기하다	I heard a very loud **sneeze**. 나는 아주 큰 재채기 소리를 들었다. When you are sick, you will **sneeze** and cough. 아프게 되면 재채기와 기침을 할 거야.

144

☐ **collide** 691 [kəláid]	통 충돌하다 통 의견이 대립하다 ⬥ collision 형 충돌	His car **collided** with a bus. 그의 차는 버스와 충돌했다. **collide** with each other 서로 의견이 대립하다
☐ **dwell** 692 [dwel]	통 살다 통 (on) 오래 생각하다	**dwell** in the country 시골에 살다 Do not **dwell** on your past mistakes. 지난 실수에 대해 오래 생각하지 마.
☐ **expel** 693 [ikspél] (expelled - expelled)	통 추방하다, 퇴학시키다	The boy was **expelled** from school. 그 남자아이는 학교에서 퇴학을 당했다.
☐ **interfere** 694 [ìntərfíər]	통 간섭하다, 참견하다 ⬥ interference 형 간섭, 참견	I told him not to **interfere** in my business. 나는 그에게 내 일에 간섭하지 말라고 했다.
☐ **undergo** 695 [ʌndərgóu] (underwent - undergone)	통 (위기 등을) 겪다 통 (수술 등을) 받다	**undergo** a change 변화를 겪다 He decided to **undergo** surgery. 그는 수술을 받기로 결정했다.
☐ **abundant** 696 [əbʌ́ndənt]	형 풍부한, 많은 ⬥ abundance 형 풍부함	My grandfather still has **abundant** hair. 우리 할아버지는 여전히 머리 숱이 풍부하다.
☐ **industrial** 697 [indʌ́striəl]	형 산업의, 공업의 ⬥ industry 형 산업, 공업	This area of city is very **industrial**. 도시에서 이 지역은 산업이 아주 발달한 곳이다.
☐ **prior** 698 [práiər]	형 이전의 형 (to) ~ 전에	**prior** knowledge 사전 지식 We will have a meeting **prior** to the presentation. 우리는 발표 전에 회의를 할 것이다.
☐ **upcoming** 699 [ʌ́pkʌ̀miŋ]	형 (행사 등이) 다가오는	The students are excited about the **upcoming** party. 학생들은 다가오는 파티에 대해 기대에 차 있다.
☐ **vague** 700 [veig]	형 애매한, 모호한	She gave a **vague** description of her friend. 그녀는 친구에 대해 모호하게 묘사했다.

Voca Up　　　　　　**a cold**

a cold는 '감기'를 뜻하는데, 감기의 증상으로 다음과 같은 표현들이 있다.
sneeze 재채기하다 / cough 기침하다 / have a fever 열이 나다 / have a sore throat 목이 아프다
have a runny nose 콧물이 나다 / have a headache 머리가 아프다 / have a blocked nose 코가 막혔다

EXERCISE

정답 pp.170~176

A 빈칸에 알맞은 말을 넣어 어구를 완성하세요.

1 _____ speed (초과 속도)

2 a very loud _____ (아주 큰 재채기 소리)

3 _____ surgery (수술을 받다)

4 _____ knowledge (사전 지식)

5 the _____ party (다가오는 파티)

B 우리말을 참고하여 문장 속에 알맞은 단어를 써 넣으세요.

1 This region is famous for its _____. (이 지역은 농업으로 유명하다.)

2 She does a funny _____ of a goat. (그녀는 염소를 웃기게 흉내 낸다.)

3 The Mona Lisa is considered to be a _____ of painting.
(모나리자는 걸작 미술품으로 여겨진다.)

4 When I saw the singer, I asked for her _____.
(나는 그 가수를 보고 사인을 요청했다.)

5 She gave a _____ description of her friend.
(그녀는 친구에 대해 모호하게 묘사했다.)

C 우리말과 같은 뜻이 되도록 괄호 안의 단어를 배열하세요.

1 일본은 자주 지진을 겪는다. (suffers, earthquakes, Japan, frequent, from)
→ _____

2 그의 차는 버스와 충돌했다. (with, a bus, his car, collided)
→ _____

3 지난 실수에 대해 오래 생각하지 마. (your, dwell, past, do not, mistakes, on)

→ _____

4 그 남자아이는 학교에서 퇴학을 당했다. (was, school, the boy, from, expelled)

→ _____

D 단어와 영어 뜻을 연결하세요. 영영풀이

1 motive · · ⓐ more than enough

2 organ · · ⓑ a way of doing something, a method

3 procedure · · ⓒ the reason someone does something

4 abundant · · ⓓ a very important body part, like the heart or lungs

E 영어 단어를 듣고 받아 적은 후 그 단어의 뜻을 쓰세요. 받아쓰기 🎧

	English	Korean		English	Korean
1			14		
2			15		
3			16		
4			17		
5			18		
6			19		
7			20		
8			21		
9			22		
10			23		

MP3

□ **architect** 701
[áːrkitèkt]
명 건축가
● architecture 명 건축학, 건축양식

My uncle is an **architect**. 우리 삼촌은 건축가이다.

□ **astronomy** 702
[əstrάnəmi]
명 천문학

I bought a telescope to study **astronomy**.
나는 천문학을 공부하기 위해 망원경을 샀다.

□ **commerce** 703
[kάmə(ː)rs]
명 상업, 상거래

Internet **commerce** is developing so quickly.
인터넷 상거래가 매우 빠르게 발전하고 있다.

□ **conservation**
[kὰnsərvéiʃən] 704
명 보호, 보존

The park ranger teaches people about nature **conservation**.
공원 관리원은 사람들에게 자연보호에 대해 가르친다.

□ **extent** 705
[ikstént]
명 정도, 범위

It was her fault to some **extent**.
어느 정도는 그녀의 잘못이었다.

□ **outcome** 706
[άutkʌm]
명 결과, 성과
● result

The **outcome** is not very good.
결과가 그다지 좋지 않다.

□ **monument** 707
[mάnjumənt]
명 기념물, 기념비

There is a big **monument** in the park.
공원에 큰 기념비가 있다.

□ **welfare** 708
[wélfɛ̀ər]
명 복지, 안녕
● well-being

Parents think about their children's **welfare**.
부모들은 자녀의 복지에 대해 생각한다.

□ **consent** 709
[kənsént]
명 승낙, 동의
통 승낙하다, 동의하다

She gave her **consent** to the police to search her home. 그녀는 자기 집을 수색하도록 경찰에 승낙했다.

Do you **consent** to the new rules in the apartment? 아파트의 새 규칙들에 동의하나요?

□ **link** 710
[liŋk]
명 연결고리, 연관성
통 연결하다

This highway is a **link** between the two cities.
이 고속도로는 두 도시 간의 연결고리이다.

They **linked** smoking with cancer.
그들은 흡연을 암과 연결시켰다.

□ **anticipate** 711
[æntísəpèit]
통 예상하다, 예견하다
● anticipation 명 예상

We **anticipate** snow next weekend.
우리는 다음 주말에 눈을 예상하고 있다.

□ **convey** 712 [kənvéi]	圄 전달하다 圄 운반하다	He could not **convey** his point to his boss. 그는 상사에게 자신의 의견을 전달할 수 없었다. **convey** fresh water 신선한 물을 운반하다
□ **horrify** 713 [hɔ́(:)rəfài]	圄 공포에 떨게 하다 ⑩ horrifying 휑 무시무시한	She was **horrified** to see a spider. 그녀는 거미를 보고 공포에 떨었다.
□ **perceive** 714 [pərsíːv]	圄 인식하다, 감지하다 ⑪ perception 휑 인식	He **perceived** that she was nervous. 그는 그녀가 긴장하고 있음을 감지했다.
□ **refresh** 715 [rifréʃ]	圄 상쾌하게 하다, 기운 나게 하다 ⑪ refreshing 휑 상쾌한	A quick nap will **refresh** you for the afternoon. 잠깐의 낮잠이 오후 시간에 기운이 나게 해줄 거예요.
□ **beneficial** 716 [bènəfíʃəl]	휑 유익한, 유용한 ⑪ benefit 휑 이득	Taking too many vitamins is not **beneficial** for your health. 너무 많은 비타민 섭취는 건강에 유익하지 않다. a **beneficial** effect 유익한 효과
□ **gigantic** 717 [dʒaigǽntik]	휑 거대한	A **gigantic** new building was built downtown. 거대한 새 건물이 시내에 건설됐다.
□ **mutual** 718 [mjúːtʃuəl]	휑 상호 간의	They came to a **mutual** agreement. 그들은 상호 합의에 이르렀다. a **mutual** friend 서로 아는 친구
□ **prime** 719 [praim]	휑 주요한 휑 최고의	the **prime** suspect 주요 용의자 Smoking can be the **prime** cause of lung cancer. 흡연이 폐암의 주요 원인일 수 있다. **Prime** Minister 수상, 국무총리
□ **deliberately** 720 [dilíbəritli]	圍 의도적으로, 고의로 ⑪ deliberate 휑 의도적인, 고의의 ⑪ accidentally 圍 우연히, 실수로	She **deliberately** pushed me. 그녀는 나를 고의로 밀었다.

Voca Up	horrify

horrify와 비슷하지만 뉘앙스가 조금 다른 단어들로 terrify, frighten, scare 등이 있다. horrify는 주로 '충격으로' 공포에 떨게 하는 것을 말하고, terrify는 '극도로' 겁나게 하는 것을 말한다. frighten은 주로 '갑자기' 겁나게 하는 것을 말한다. 한편, scare는 '겁나게 하다'의 뜻으로 가장 일반적으로 잘 쓰이는 말이다.

A 빈칸에 알맞은 말을 넣어 어구를 완성하세요.

1 Internet _____ (인터넷 상거래)

2 to some _____ (어느 정도는)

3 a big _____ (큰 기념비)

4 a _____ new building (거대한 새 건물)

5 a _____ friend (서로 아는 친구)

B 우리말을 참고하여 문장 속에 알맞은 단어를 써 넣으세요.

1 My uncle is an _____. (우리 삼촌은 건축가이다.)

2 Parents think about their children's _____.
(부모들은 자녀의 복지에 대해 생각한다.)

3 He could not _____ his point to his boss.
(그는 상사에게 자신의 의견을 전달할 수 없었다.)

4 She was _____ to see a spider. (그녀는 거미를 보고 공포에 떨었다.)

5 He _____ that she was nervous.
(그는 그녀가 긴장하고 있음을 감지했다.)

C 우리말과 같은 뜻이 되도록 괄호 안의 단어를 배열하세요.

1 나는 천문학을 공부하기 위해 망원경을 샀다.
(astronomy, bought, to, I, a telescope, study)
→ _____

2 결과가 그다지 좋지 않다. (not, the outcome, good, is, very)
→ _____

3 우리는 다음 주말에 눈을 예상하고 있다. (snow, weekend, we, next, anticipate)

→ _____

4 그들은 상호 합의에 이르렀다. (a mutual, came, they, agreement, to)

→ _____

D 단어와 영어 뜻을 연결하세요. 영영풀이

1 consent   •

2 refresh   •

3 link   •

4 beneficial •

• ⓐ a connection

• ⓑ permission or agreement

• ⓒ helpful, useful or good

• ⓓ to give someone or something new
   energy

E 영어 단어를 듣고 받아 적은 후 그 단어의 뜻을 쓰세요. 받아쓰기 🎧

	English	Korean		English	Korean
1			14		
2			15		
3			16		
4			17		
5			18		
6			19		
7			20		
8			21		
9			22		
10			23		

□ **basement** 721 [béismənt]	몡 지하(실)	We keep our old toys in the **basement**. 우리는 오래된 장난감을 지하실에 보관한다.
□ **behalf** 722 [bihǽf]	몡 대신	on **behalf** of him 그를 대신하여 I want to speak to the boss on my friend's **behalf**. 나는 내 친구를 대신하여 상사와 얘기하고 싶다.
□ **claw** 723 [klɔː]	몡 (동물의) 발톱	They had sharp **claws**. 그것들은 날카로운 발톱이 있었다.
□ **dynasty** 724 [dáinəsti]	몡 왕조, 왕가	China had many **dynasties** in its history. 중국은 역사상 많은 왕조가 있었다.
□ **minority** 725 [mainɔ́(ː)rəti]	몡 소수 🔄 minorities	a small **minority** 극소수 Only a **minority** of people like it. 소수의 사람만이 그것을 좋아한다.
□ **nerve** 726 [nəːrv]	몡 용기 몡 신경	That man has a lot of **nerve** to come here dressed like that. 저 사람은 저렇게 입고 여기 오다니 용기가 대단하다. the optic **nerve** 시신경
□ **outlook** 727 [áutlùk]	몡 전망, 견해	Now, she has a new **outlook** on life. 이제 그녀는 삶에 대해 새로운 태도를 가지고 있다.
□ **virtue** 728 [və́ːrtʃuː]	몡 미덕, 장점 🔄 vice 웹 부도덕, 결점	She considered her kindness to be a **virtue**. 그녀는 자신의 친절함을 장점으로 여겼다.
□ **extract** 729 몡 [ékstrækt] 몡 [ikstrǽkt]	몡 발췌, 추출물 몡 뽑다, 추출하다	vanilla **extract** 바닐라 추출물 We **extract** oil from olives and coconuts. 우리는 올리브와 코코넛에서 기름을 추출한다.
□ **finance** 730 [fáinæns]	몡 금융, 재정 몡 자금을 조달하다 🔄 financial 휑 금융의, 재정의	The family's **finances** were in trouble. 그 가족은 재정 상태가 어려웠다. Who is **financing** his campaign? 누가 그의 선거운동에 자금을 대주고 있나요?
□ **accompany** 731 [əkʌ́mpəni] (accompanied - accompanied)	몡 ~와 동행하다, ~를 동반하다	I will **accompany** you to the meeting. 당신과 회의에 동행할게요. Young children must be **accompanied** by an adult. 어린아이들은 어른이 동반해야 한다.

□ **enlarge** 732
[inláːrdʒ]
   통 확대하다, 확장하다

Will you **enlarge** this photo, please?
이 사진 좀 확대해 주시겠어요?

□ **foretell** 733
[fɔːrtél]
(foretold - foretold)
   통 예언하다, 예견하다
   ⊕ predict 통 예측하다

New technology helps us **foretell** the weather. 새로운 기술이 우리가 날씨를 예견하게 돕는다.

□ **obstruct** 734
[əbstrʌ́kt]
   통 가로막다, 차단하다
   ⊕ obstruction 명 장애물, 방해물
   ⊕ block 통 막다

The new building **obstructs** our view of the ocean. 새 건물이 우리의 바다 전망을 가로막는다.

□ **recollect** 735
[rèkəlékt]
   통 기억해내다
   ⊕ recollection 명 기억, 회상

She **recollected** all the stories her mother told her.
그녀는 어머니가 말씀해 주신 모든 이야기를 기억해냈다.

□ **adequate** 736
[ǽdəkwit]
   형 충분한, 적당한
   ⊛ inadequate 형 불충분한, 부적당한

I think we have **adequate** food for the trip.
우리에게 여행에 필요한 충분한 음식이 있는 것 같다.

□ **cunning** 737
[kʌ́niŋ]
   형 교활한, 영리한

It was a very **cunning** plan.
그것은 매우 약은 계획이었다.

□ **momentary** 738
[móuməntèri]
   형 잠깐의, 일시적인
   ⊕ moment 명 순간

There was a **momentary** pause.
잠깐의 멈춤이 있었다.

□ **thorough** 739
[θə́ːrou]
   형 완전한, 철저한
   ⊕ thoroughly 부 완전하게, 철저하게

A **thorough** cleaning made the table look new. 완전하게 닦으니 테이블이 새것처럼 보였다.

a **thorough** understanding 완전한 이해

□ **tolerant** 740
[tálərənt]
   형 관대한, 용인하는
   ⊕ tolerance 명 관대함

Some people are not **tolerant** of differences.
어떤 사람들은 다름을 용인하지 않는다.

---

cunning은 '교활한'의 뜻으로, 우리가 흔히 말하는 '컨닝'의 의미로는 쓰이지 않는다. '컨닝' 즉 '(시험에서의) 부정행위'는 영어로 cheating이라고 한다. cheating은 '속임수'를 뜻하기도 한다.
EX. She **cheated** on a test. (그녀는 시험에서 부정행위를 했다.)

정답 pp.170~176

A 빈칸에 알맞은 말을 넣어 어구를 완성하세요.

1 in the _____ (지하실에)

2 on my friend's _____ (내 친구를 대신하여)

3 a _____ of people (소수의 사람)

4 a _____ pause (잠깐의 멈춤)

5 a _____ understanding (완전한 이해)

B 우리말을 참고하여 문장 속에 알맞은 단어를 써 넣으세요.

1 China had many _____ in its history.
(중국은 역사상 많은 왕조가 있었다.)

2 Now, she has a new _____ on life.
(이제 그녀는 삶에 대해 새로운 태도를 가지고 있다.)

3 We _____ oil from olives and coconuts.
(우리는 올리브와 코코넛에서 기름을 추출한다.)

4 The new building _____ our view of the ocean.
(새 건물이 우리의 바다 전망을 가로막는다.)

5 She _____ all the stories her mother told her.
(그녀는 어머니가 말씀해 주신 모든 이야기를 기억해냈다.)

C 우리말과 같은 뜻이 되도록 괄호 안의 단어를 배열하세요.

1 그 가족은 재정 상태가 어려웠다. (finances, in, the family's, trouble, were)
→ _____

2 새로운 기술이 우리가 날씨를 예견하게 돕는다.
(us, the weather, new, helps, foretell, technology)
→ _____

3 우리에게 여행에 필요한 충분한 음식이 있는 것 같다.

(food, we, adequate, the trip, I think, have, for)

→ _____

4 어떤 사람들은 다름을 용인하지 않는다.

(people, tolerant of, some, are, differences, not)

→ _____

D 단어와 영어 뜻을 연결하세요. 영영풀이

1 nerve　·

2 enlarge　·

3 cunning　·

4 thorough ·

· ⓐ to make something bigger

· ⓑ including every detail

· ⓒ courage to do something difficult or rude

· ⓓ clever and good at deceiving people

E 영어 단어를 듣고 받아 적은 후 그 단어의 뜻을 쓰세요. 받아쓰기 🎧

	English	Korean		English	Korean
1			14		
2			15		
3			16		
4			17		
5			18		
6			19		
7			20		
8			21		
9			22		
10			23		

MP3

☐ **celebrity** 741
[səlébrəti]

명 (연예계 등의) 유명인

The singer became a huge **celebrity** after her first album.
그 가수는 첫 번째 앨범을 낸 후 대단한 유명인이 되었다.

☐ **evolution** 742
[èvəlú:ʃən]

명 진화

Charles Darwin came up with the theory of **evolution**. 찰스 다윈은 진화 이론을 생각해냈다.

☐ **fuel** 743
[fjú(:)əl]

명 연료

We should stop at the next gas station for more **fuel**.
우리는 연료를 보충하기 위해 다음 주유소에 정차해야 한다.

☐ **grave** 744
[greiv]

명 무덤, 묘
형 심각한, 중대한
🔊 gravity 명 중대성, 중력

I visited my grandmother's **grave**.
나는 할머니의 묘소를 방문했다.

He was in **grave** danger.
그는 심각한 위험에 빠져 있었다.

☐ **landscape** 745
[lǽndskèip]

명 풍경, 경치

This painting shows a beautiful **landscape**.
이 그림은 아름다운 풍경을 보여준다.

☐ **moisture** 746
[mɔ́istʃər]

명 습기, 수분
🔊 moist 형 촉촉한

The **moisture** in the room made the windows foggy. 방의 습기가 창문에 안개가 끼게 만들었다.

☐ **participant** 747
[pɑːrtísəpənt]

명 참가자, 참석자
🔊 participate 동 참가하다
participation 명 참가

The boy was an active **participant** in many school sports.
그 소년은 학교의 여러 스포츠에 적극적인 참가자였다.

☐ **territory** 748
[téritɔ̀:ri]

명 영토, 영역

Male lions don't like any other male lions on their **territory**.
수컷 사자는 다른 수컷 사자가 자기 영역에 들어오는 것을 싫어한다.

☐ **frame** 749
[freim]

명 틀, 액자
동 틀에 끼우다, 액자에 넣다

a window **frame** 창틀

We should **frame** these great pictures.
이 멋진 사진들 액자에 넣어야겠어.

☐ **state** 750
[steit]

명 상태
명 (미국 등의) 주(州)
동 진술하다, 밝히다
🔊 statement 명 진술

mental **state** 정신 상태

There are 50 **states** in the United States of America. 미국에는 50개의 주가 있다.

He **stated** that he had never seen the woman before. 그는 그 여자를 한 번도 본 적이 없다고 진술했다.

□ **confront** [751] [kənfránt]	통 (문제 등에) 맞서다 ❶ confrontation 명 대립, 대치	You have to **confront** those fears. 너는 그 두려움에 맞서야 한다.
□ **lessen** [752] [lésən]	통 줄이다, 감소시키다	Your problems do not **lessen** my love for you. 당신의 문제들은 당신에 대한 나의 사랑을 감소시키지 않아요.
□ **overwhelm** [753] [òuvərhwélm]	통 압도하다, 벅차게 하다 ❶ overwhelming 형 벅찬, 압도적인	He was **overwhelmed** by the support of his classmates. 그는 반 친구들의 지지에 마음이 벅차올랐다.
□ **roam** [754] [roum]	통 돌아다니다, 배회하다	Tigers sometimes **roam** this forest at night. 호랑이들이 때때로 밤에 이 숲을 돌아다닌다.
□ **absurd** [755] [əbsə́:rd]	형 터무니없는, 바보 같은	That is an **absurd** idea. 그건 터무니없는 생각이야.
□ **diverse** [756] [daivə́:rs]	형 다양한, 여러 가지의 ❶ diversity 명 다양성	culturally **diverse** 문화적으로 다양한 The population of New York City is very **diverse**. 뉴욕시의 시민은 매우 다양하다.
□ **exotic** [757] [igzátik]	형 이국적인	The room smelled of **exotic** spices. 방에서 이국적인 향신료 냄새가 났다.
□ **fragile** [758] [frǽdʒəl]	형 깨지기 쉬운 형 약한	**fragile** package 깨지기 쉬운 소포 Her feelings are **fragile**. 그녀는 감정에 상처를 잘 받는다.
□ **household** [759] [háushòuld]	형 가정(용)의 명 가정, 가구	**household** appliances 가정용 전자제품들 There are six people living in our **household**. 우리 가정에는 6명이 함께 산다.
□ **invaluable** [760] [invǽljuəbl]	형 매우 소중한[유용한] ❶ valuable 형 귀중한, 유용한	Her help was **invaluable** for this project. 그녀의 도움은 이 프로젝트에 매우 유용했다.

Voca Up	형용사 + -en

동사 중에는 -en으로 끝나는 것들이 있으며, 대체로 형용사 뒤에 -en을 붙인 것들이다. 단, strengthen(강화하다)의 경우에는 명사인 strength(힘)에 -en을 붙인 것이다.

EX weaken 약하게 하다　shorten 짧게 하다　broaden 넓게 하다　brighten 밝게 하다
　　tighten 꽉 조이다　straighten 곧게 펴다　sharpen 날카롭게 하다　fasten 잠그다, 매다

157

EXERCISE

A 빈칸에 알맞은 말을 넣어 어구를 완성하세요.

1 the theory of _____ (진화 이론)

2 _____ danger (심각한 위험)

3 an active _____ (적극적인 참가자)

4 a window _____ (창틀)

5 an _____ idea (터무니없는 생각)

B 우리말을 참고하여 문장 속에 알맞은 단어를 써 넣으세요.

1 We should stop at the next gas station for more _____.
(우리는 연료를 보충하기 위해 다음 주유소에 정차해야 한다.)

2 This painting shows a beautiful _____.
(이 그림은 아름다운 풍경을 보여준다.)

3 The _____ in the room made the windows foggy.
(방의 습기가 창문에 안개가 끼게 만들었다.)

4 There are 50 _____ in the United States of America.
(미국에는 50개의 주가 있다.)

5 The room smelled of _____ spices.
(방에서 이국적인 향신료 냄새가 났다.)

C 우리말과 같은 뜻이 되도록 괄호 안의 단어를 배열하세요.

1 그 가수는 첫 번째 앨범을 낸 후 대단한 유명인이 되었다.
(became, after, the singer, a huge, her first album, celebrity)
→ _____

2 이 멋진 사진들 액자에 넣어야겠어. (these, we, great, frame, pictures, should)
→ _____

3 그는 반 친구들의 지지에 마음이 벅차올랐다.

(overwhelmed, of his classmates, he, by, was, the support)

→ _____

4 그녀의 도움은 이 프로젝트에 매우 유용했다.

(was, for, her help, this project, invaluable)

→ _____

D 단어와 영어 뜻을 연결하세요. 영영풀이

1 lessen ·   · ⓐ having many differences

2 roam ·   · ⓑ easily broken or damaged

3 diverse ·   · ⓒ to make smaller in size, importance, or value

4 fragile ·   · ⓓ to walk or travel with no clear purpose or direction

E 영어 단어를 듣고 받아 적은 후 그 단어의 뜻을 쓰세요. 받아쓰기 🎧

English	Korean	English	Korean
1		14	
2		15	
3		16	
4		17	
5		18	
6		19	
7		20	
8		21	
9		22	
10		23	

MP3

□ **creature** 761 [krí:tʃər]	명 생명체 create 동 만들어내다	Some people believe that all living **creatures** have a spirit. 어떤 이들은 모든 살아있는 생명체에 영혼이 있다고 믿는다.
□ **feast** 762 [fi:st]	명 잔치, 연회 명 진수성찬	a wedding **feast** 결혼 연회 A delicious **feast** was served after the wedding. 결혼식 후에 맛있는 성찬이 제공되었다.
□ **gravity** 763 [grǽvəti]	명 중력 명 심각성 grave 형 심각한	Isaac Newton discovered many things about the Earth's **gravity**. 아이작 뉴튼은 지구의 중력에 대해 많은 것을 발견했다. I don't think you realize the **gravity** of this situation. 네가 이 상황의 심각성을 깨닫지 못하는 것 같다.
□ **infant** 764 [ínfənt]	명 갓난아기, 유아	The newborn **infants** stay here. 신생아들은 여기에 머문다.
□ **physician** 765 [fizíʃən]	명 의사, 내과의사	The **physician** listened to her heartbeat. 의사가 그녀의 심장 박동을 들었다.
□ **privilege** 766 [prívəlidʒ]	명 특권, 영광 privileged 형 특권을 가진	It would be a **privilege** to go to the dance with you. 너와 함께 댄스파티에 간다면 영광일 거야.
□ **spouse** 767 [spaus]	명 배우자	My **spouse** and I have been married for fifteen years. 내 배우자와 나는 15년간 결혼생활을 했다.
□ **workout** 768 [wɔ́:rkàut]	명 운동	He does a **workout** at the gym three times a week. 그는 일주일에 세 번 체육관에서 운동을 한다. a regular **workout** 규칙적인 운동
□ **crack** 769 [kræk]	명 틈, 금, 균열 동 금이 가다, (달걀 등을) 깨다	A **crack** appeared in the ice on the pond. 연못의 얼음에 균열이 생겼다. She **cracked** the egg into the boiling soup. 그녀는 달걀을 깨서 끓는 국에 넣었다.
□ **worship** 770 [wɔ́:rʃip]	명 숭배, 예배 동 숭배하다, 무척 존경하다	a place of **worship** 예배소 People used to **worship** many different gods. 사람들은 한 때 여러 신을 숭배했다.

□ **attribute** [771] [ətríbjuːt]	통 (to) ~에서 기인한 것으로 생각하다	I **attribute** my success to my father's help. 나는 내 성공이 아버지의 도움 덕분이라고 생각한다.
□ **enrich** [772] [inríʧ]	통 풍요롭게 하다	Music and art can **enrich** the lives of students. 음악과 미술이 학생들의 삶을 풍요롭게 할 수 있다.
□ **forbid** [773] [fərbíd] (forbade - forbidden)	통 금지하다 ⓟ forbidden 형 금지된	My father **forbids** me from staying out past 10 pm. 우리 아빠는 내가 저녁 10시 넘어서 밖에 있는 걸 금지하신다.
□ **yield** [774] [jiːld]	통 (결과 등을) 낳다 통 양보하다	**yield** a profit 이윤을 내다 He will not **yield** in his opinions. 그는 자신의 의견에 있어 양보하지 않을 것이다.
□ **chemical** [775] [kémikəl]	형 화학의 명 화학 물질[약품] ⓟ chemistry 명 화학	**chemical** process 화학 작용 This **chemical** will remove the stains. 이 화학 물질이 그 얼룩을 제거해줄 것이다.
□ **conscientious** [776] [kὰnʃiénʃəs]	형 성실한 ⓢ conscious 형 의식하고 있는	He is a **conscientious** teacher. 그는 성실한 교사이다.
□ **hostile** [777] [hάstəl]	형 적대적인 ⓟ hostility 명 적의	a **hostile** attitude 적대적인 태도 The dog was **hostile** to strangers. 그 개는 낯선 사람들에게 적대적이었다.
□ **industrious** [778] [indΛstriəs]	형 근면한, 부지런한 ⓢ hard-working	Ants are very **industrious** and work hard all day long. 개미는 아주 근면해서 하루 종일 열심히 일한다.
□ **precise** [779] [prisáis]	형 정확한 형 세심한 ⓢ exact	They didn't give us **precise** information. 그들은 우리에게 정확한 정보를 주지 않았다. a **precise**, careful man 세심하고 조심성 있는 남자
□ **timely** [780] [táimli]	형 적시의, 시기적절한	in a **timely** manner 제때에 He made a **timely** visit to his grandfather. 그는 할아버지를 적시에 방문했다.

Voca Up	baby

아기를 부르는 말은 단계나 성별에 따라 여러 가지가 있다.

an unborn baby 태아   a new born baby/a new born 신생아
a baby girl 여자 아기   a baby boy 남자 아기
an infant 갓난 아기   a toddler 걸음마를 시작한 아기

정답 pp.170~176

A 빈칸에 알맞은 말을 넣어 어구를 완성하세요.

1 all living _____ (모든 살아있는 생명체들)

2 the Earth's _____ (지구의 중력)

3 _____ a profit (이윤을 내다)

4 a _____ attitude (적대적인 태도)

5 _____ information (정확한 정보)

B 우리말을 참고하여 문장 속에 알맞은 단어를 써 넣으세요.

1 He does a _____ at the gym three times a week.
(그는 일주일에 세 번 체육관에서 운동을 한다.)

2 People used to _____ many different gods.
(사람들은 한 때 여러 신을 숭배했다.)

3 I _____ my success to my father's help.
(나는 내 성공이 아버지의 도움 덕분이라고 생각한다.)

4 Ants are very _____ and work hard all day long.
(개미는 아주 근면해서 하루 종일 열심히 일한다.)

5 He made a _____ visit to his grandfather.
(그는 할아버지를 적시에 방문했다.)

C 우리말과 같은 뜻이 되도록 괄호 안의 단어를 배열하세요.

1 결혼식 후에 맛있는 성찬이 제공되었다.
(feast, after, served, a delicious, was, the wedding)
→ _____

2 내 배우자와 나는 15년간 결혼생활을 했다.
(have been, for, my spouse, fifteen years, married, and I)
→ _____

3 그 개는 낯선 사람들에게 적대적이었다. (was, to, the dog, strangers, hostile)

→ _____

4 그들은 우리에게 정확한 정보를 주지 않았다.

(give, information, they, precise, didn't, us)

→ _____

D 단어와 영어 뜻을 연결하세요. 영영풀이

1 creature ·   · ⓐ a medical doctor

2 physician ·   · ⓑ a special advantage or honor

3 privilege ·   · ⓒ to refuse to allow something

4 forbid   ·   · ⓓ anything that lives except plants

E 영어 단어를 듣고 받아 적은 후 그 단어의 뜻을 쓰세요. 받아쓰기 🎧

	English	Korean		English	Korean
1			14		
2			15		
3			16		
4			17		
5			18		
6			19		
7			20		
8			21		
9			22		
10			23		

□ archive 781 [áːrkaiv]	몡 보관 자료, 기록 보관소	Here is an **archive** of newspapers. 여기가 신문 기록 보관소입니다.
□ colony 782 [káləni]	몡 식민지	Ghana was once a British **colony** in West Africa. 가나는 한때 서아프리카에 있는 영국의 식민지였다.
□ companion 783 [kəmpǽnjən]	몡 벗, 동반자	The parrot is the old woman's **companion**. 그 앵무새는 노부인의 벗이다.
□ emission 784 [imíʃən]	몡 (가스 등의) 배출 emit 통 배출하다	Cars with low **emissions** are becoming more popular. 가스 배출이 낮은 차가 더 인기를 끌고 있다.
□ fossil 785 [fásl]	몡 화석	The archeologists discovered many **fossils** near the beach. 고고학자들이 바닷가 근처에서 많은 화석을 발견했다.
□ hedge 786 [hedʒ]	몡 산울타리	A tall **hedge** surrounds the whole garden. 높은 산울타리가 정원 전체를 둘러싸고 있다.
□ merchant 787 [mə́ːrtʃənt]	몡 (도매) 상인	All of the **merchants** opened their shops in the market. 상인들 모두가 그 시장에 가게를 열었다.
□ pavement 788 [péivmənt]	몡 포장도로, 인도 sidewalk 몡 인도	They are painting fresh traffic lines on the **pavement**. 그들은 포장도로에 새로 차선을 그리고 있다.
□ voyage 789 [vɔ́iidʒ]	몡 (장거리의) 항해	The Titanic sank on its maiden **voyage**. 타이타닉호는 처녀[최초의] 항해에서 침몰했다.
□ craft 790 [kræft]	몡 공예, 기술 통 (특별한 기술로) 만들다	She learned the **craft** of spinning wool from her grandmother. 그녀는 털실을 잣는 기술을 할머니에게서 배웠다. You **crafted** a lovely vase out of the clay. 점토로 예쁜 꽃병을 빚으셨네요.
□ roar 791 [rɔːr]	몡 요란한 소리, 포효, 함성 통 포효하다, 소리치다	They heard the **roar** of a lion. 그들은 사자의 포효를 들었다. He **roared** at his son to stop playing ball in the house. 그는 아들에게 집에서 공놀이를 그만하라고 소리쳤다.

□ **abound** [792] [əbáund]	图 풍부하다 🔁 abundant 휑 풍부한	This garden **abounds** with beautiful flowers. 이 정원에는 아름다운 꽃들이 풍부하다.
□ **perplex** [793] [pərpléks]	图 당혹스럽게 하다 🔁 puzzle	I was **perplexed** by your confusing message. 너의 혼란스러운 메시지에 당혹스러웠어.
□ **soak** [794] [souk]	图 담그다, 푹 적시다	We **soaked** the beans overnight. 우리는 콩을 밤새 담가놓았다.
□ **vanish** [795] [væniʃ]	图 사라지다, 자취를 감추다 🔁 vanishing 휑 사라지는	The sinking ship soon **vanished** into the sea. 침몰하는 배는 곧 바다 속으로 사라졌다.
□ **captive** [796] [kǽptiv]	휑 포로가 된 🔁 capture 图 붙잡다, 생포하다	**captive** soldiers 포로 군인들 The soldier was taken **captive** during the war. 그 병사는 전쟁 중에 포로로 잡혔다.
□ **mighty** [797] [máiti]	휑 막강한, 거대한	Alexander the Great was a **mighty** warrior. 알렉산더 대왕은 막강한 전사였다.
□ **miserable** [798] [mízərəbl]	휑 비참한, 불행한	The people looked **miserable** as they waited in the rain. 사람들은 빗속에서 기다리느라 비참해 보였다.
□ **tame** [799] [teim]	휑 (동물이) 길들여진 🔁 wild 휑 야생의 图 (동물을) 길들이다	**tame** lions 길들여진 사자들 **Taming** this wild horse will take a long time. 이 야생마를 길들이는 것은 오래 걸릴 것이다.
□ **varied** [800] [vɛ́(:)ərid]	휑 다양한 🔁 vary 图 다양하다	The colors of these flowers are **varied**. 이 꽃들의 색깔은 다양하다.

EXERCISE

A 빈칸에 알맞은 말을 넣어 어구를 완성하세요.

1 an _____ of newspapers (신문 기록 보관소)

2 a tall _____ (높은 산울타리)

3 a British _____ (영국의 식민지)

4 a _____ warrior (막강한 전사)

5 _____ lions (길들여진 사자들)

B 우리말을 참고하여 문장 속에 알맞은 단어를 써 넣으세요.

1 The archeologists discovered many _____ near the beach.
(고고학자들이 바닷가 근처에서 많은 화석들을 발견했다.)

2 The Titanic sank on its maiden _____.
(타이타닉호는 처녀 항해에서 침몰했다.)

3 They heard the _____ of a lion. (그들은 사자의 포효를 들었다.)

4 This garden _____ with beautiful flowers.
(이 정원에는 아름다운 꽃들이 풍부하다.)

5 The people looked _____ as they waited in the rain.
(사람들은 빗속에서 기다리느라 비참해 보였다.)

C 우리말과 같은 뜻이 되도록 괄호 안의 단어를 배열하세요.

1 그 앵무새는 노부인의 벗이다. (is, companion, the old, the parrot, woman's)
→ _____

2 그들은 포장도로에 새로 차선을 그리고 있다.
(fresh traffic lines, are, the pavement, they, on, painting)
→ _____

3 너의 혼란스러운 메시지에 당혹스러웠어.

(by, was, confusing message, I, your, perplexed)

→ _____

4 이 꽃들의 색깔은 다양하다. (varied, these flowers, the colors, are, of)

→ _____

D 단어와 영어 뜻을 연결하세요. 영영풀이

1 merchant ·

· ⓐ to disappear

2 craft ·

· ⓑ to put in water, to make something very wet

3 soak ·

· ⓒ a person whose job is to buy and sell many products

4 vanish ·

· ⓓ skill and experience, especially in making things by hand

E 영어 단어를 듣고 받아 적은 후 그 단어의 뜻을 쓰세요. 받아쓰기 🎧

English	Korean	English	Korean
1		14	
2		15	
3		16	
4		17	
5		18	
6		19	
7		20	
8		21	
9		22	
10		23	

MEMO

ANSWER KEY

DAY 01

A 1 information 2 respect
3 wake 4 cultural
5 natural
B 1 ability 2 product
3 develop 4 includes
5 hardly
C 1 I don't allow anyone into my bedroom.
2 We expect the guests to arrive before 9 pm.
3 This type of bird is quite common here.
4 She was completely shocked by the story.
D 1 ⓐ 2 ⓒ 3 ⓑ 4 ⓓ

DAY 02

A 1 accident 2 supply
3 value 4 normal
5 successful
B 1 importance 2 technology
3 achieved 4 relax
5 probably
C 1 She had happy memories of the vacation.
2 Did you accept their offer?
3 We prefer chicken sandwiches to ham sandwiches.
4 You're not doing your job properly.
D 1 ⓑ 2 ⓐ 3 ⓓ 4 ⓒ

DAY 03

A 1 article 2 manager
3 honor 4 approach
5 global
B 1 material 2 invented
3 recognize 4 remains
5 regularly
C 1 They will continue to fight crime.
2 This book won't be available until next week.
3 We started the meeting at the usual time.
4 The whole pie was covered in cream.
D 1 ⓒ 2 ⓐ 3 ⓓ 4 ⓑ

DAY 04

A 1 influence 2 death
3 position 4 deal
5 progress
B 1 support 2 decorate
3 requires 4 spread
5 alive
C 1 My grandmother is fighting cancer.
2 She deals with customer questions all day long.
3 The author influenced many people's opinions.
4 She looked disappointed after hearing the news.
D 1 ⓐ 2 ⓑ 3 ⓓ 4 ⓒ

DAY 05

A 1 effort 2 president
3 region 4 object
5 certain
B 1 rose 2 disagree
3 observe 4 calm
5 badly
C 1 He made a decision to move to Chicago.
2 He seemed very confused with the math lesson.
3 We can prevent illness by washing our hands.
4 Can you recommend a good hair stylist?
D 1 ⓒ 2 ⓐ 3 ⓑ 4 ⓓ

DAY 06

A 1 attack 2 fear
3 electric 4 personal
5 central
B 1 century 2 emotion
3 personality 4 remind
5 sticky
C 1 I didn't want to disappoint you.
2 Her husband survived the war.
3 Please don't embarrass me in front of my friends.

4 His house and mine are two kilometers apart.

D 1 ⓑ   2 ⓓ   3 ⓐ   4 ⓒ

DAY 07

A 1 ceremony   2 treasure
3 official   4 poisonous
5 potential
B 1 damage   2 advertised
3 encourages   4 official
5 simply
C 1 The teacher was very patient with the children.
2 He has a good sense of humor.
3 Let's compare prices at a few stores.
4 We divided the pizza into ten slices.
D 1 ⓑ   2 ⓒ   3 ⓓ   4 ⓐ

DAY 08

A 1 advantage   2 departure
3 flow   4 economic
5 professional
B 1 vision   2 forced
3 appeared   4 destroyed
5 used to
C 1 My flight leaves London in three hours.
2 This bridge will connect our city to your city.
3 My grades didn't satisfy my father.
4 Molly thought the new rules were unfair.
D 1 ⓒ   2 ⓑ   3 ⓓ   4 ⓐ

DAY 09

A 1 custom   2 quality
3 appeal   4 increase
5 artificial
B 1 pressure   2 argued
3 depend   4 fit
5 exactly
C 1 I would like to hear your suggestions about my work.
2 She increased my salary after seeing my hard work.

3 Don't pretend you don't know what I'm talking about.
4 Playing board games is very enjoyable.

D 1 ⓑ   2 ⓐ   3 ⓓ   4 ⓒ

DAY 10

A 1 climate   2 combination
3 pollution   4 grand
5 illegal
B 1 distance   2 bother
3 impresses   4 prove
5 terribly
C 1 The company rewarded him with a bonus.
2 I admire people who try their best.
3 He attached the picture to the document.
4 This is a native fruit on this island.
D 1 ⓐ   2 ⓒ   3 ⓓ   4 ⓑ

DAY 11

A 1 explanation   2 horror
3 law   4 burst
5 politics
B 1 attention   2 path
3 delayed   4 represents
5 gradually
C 1 Please select your size from the list.
2 The sign warned hikers about falling rocks.
3 This stain remover is very effective in removing dark stains.
4 They were grateful to her for her support.
D 1 ⓑ   2 ⓓ   3 ⓐ   4 ⓒ

DAY 12

A 1 expert   2 journey
3 purpose   4 decrease
5 opposite
B 1 nephew   2 escaped
3 admit   4 Due to
5 majored
C 1 I saw the advertisement for your

sneakers in a magazine.

2 I asked my doctor for her expert opinion.

3 Can you repair this broken radio?

4 Soldiers have to obey orders.

D 1 ⓓ 2 ⓐ 3 ⓒ 4 ⓑ

DAY 13

A 1 destruction 2 knowledge
3 occasion 4 brief
5 positive

B 1 equipment 2 seeds
3 display 4 adapted
5 frozen

C 1 The police officers investigated the scene of the crash.
2 He handled the problem very well.
3 Do you have any further questions?
4 Let's separate the cans from the bottles.

D 1 ⓓ 2 ⓒ 3 ⓑ 4 ⓐ

DAY 14

A 1 atmosphere 2 origin
3 form 4 harmful
5 painful

B 1 residents 2 soldier
3 persuade 4 fairly
5 anxious

C 1 What are your thoughts about this book?
2 Monsters do not really exist.
3 Don't be cruel to anyone.
4 The innocent boy didn't understand the bad joke.

D 1 ⓒ 2 ⓑ 3 ⓐ 4 ⓓ

DAY 15

A 1 metal 2 reality
3 charge 4 basic
5 rapid

B 1 charged 2 lecture
3 translated 4 entirely
5 physically

C 1 My brother is a clerk in the shoe department.
2 She doubts if she can pass the test.
3 This company was established in 1905.
4 He was very curious about the new toys.

D 1 ⓒ 2 ⓑ 3 ⓓ 4 ⓐ

DAY 16

A 1 mayor 2 payment
3 total 4 request
5 unknown

B 1 Crime 2 lawyer
3 functions 4 struggled
5 mainly

C 1 The businessperson was elected as mayor of the city.
2 He demanded a refund for the broken TV.
3 His clothes are a little odd for the event.
4 The band played a lively song for dancing.

D 1 ⓓ 2 ⓐ 3 ⓑ 4 ⓒ

DAY 17

A 1 responsibility 2 conflict
3 average 4 distant
5 obvious

B 1 bullets 2 details
3 privacy 4 cure
5 sewed

C 1 I have a weakness for junk food.
2 She aims to become a famous violinist.
3 Don't make an emotional decision.
4 He and his brother think alike.

D 1 ⓐ 2 ⓒ 3 ⓓ 4 ⓑ

DAY 18

A 1 bills 2 discovery
3 passion 4 entire
5 typical

B 1 degrees   2 wisdom
    3 research   4 fully
    5 essential
C 1 His behavior concerned his parents.
    2 Don't assume that we can't speak French.
    3 My little brother owes me ten dollars.
    4 She opposed any plan to change the organization.
D 1 ⓑ   2 ⓒ   3 ⓓ   4 ⓐ

DAY 19

A 1 approval   2 crisis
    3 funeral   4 system
    5 delicate
B 1 chemistry   2 concentrate
    3 determine   4 relieve
    5 ordinary
C 1 Everyone stared at the pretty dog.
    2 We have to utilize this opportunity.
    3 She tells very amusing stories.
    4 Some people suffer from mental illnesses.
D 1 ⓐ   2 ⓓ   3 ⓑ   4 ⓒ

DAY 20

A 1 defense   2 generation
    3 reaction   4 comfort
    5 medical
B 1 physics   2 delighted
    3 abandon   4 involve
    5 complex
C 1 I take my car to a very good mechanic.
    2 We climbed the hill with ease.
    3 We were surprised by her lack of sympathy.
    4 Your sneakers are appropriate for the hike.
D 1 ⓑ   2 ⓒ   3 ⓓ   4 ⓐ

DAY 21

A 1 judgment   2 presentation
    3 surface   4 advance
    5 careful

B 1 secretary   2 advance
    3 analyzed   4 behave
    5 gentle
C 1 I believe this problem was my fault.
    2 Only some people can afford that luxury car.
    3 They try to maintain a calm atmosphere in the office.
    4 We were not aware of the holiday.
D 1 ⓓ   2 ⓑ   3 ⓒ   4 ⓐ

DAY 22

A 1 literature   2 risk
    3 variety   4 constant
    5 extreme
B 1 economics   2 theory
    3 lower   4 punctual
    5 ripe
C 1 The audience clapped loudly for the actors.
    2 She accomplished a lot in her short life.
    3 She contributes a lot of time to this organization.
    4 He obtained a degree in science.
D 1 ⓓ   2 ⓐ   3 ⓑ   4 ⓒ

DAY 23

A 1 disabilities   2 intelligence
    3 adjust   4 bold
    5 competitive
B 1 community   2 lid
    3 viewers   4 suspect
    5 emphasized
C 1 The new model has many new features.
    2 Will you pursue a higher degree after finishing college?
    3 I revealed my plans to get married.
    4 We were unable to guess her age.
D 1 ⓒ   2 ⓓ   3 ⓐ   4 ⓑ

DAY 24

A 1 charity   2 exception

3 nutrition   4 glow

5 mobile

B 1 intention   2 load

3 slip   4 inspects

5 folding

C 1 What are the characteristics of good writing?

2 My aunt donates a lot of money to charity.

3 My stomach cannot digest milk very well.

4 The boy was an eager student at school.

D 1 ⓑ   2 ⓒ   3 ⓐ   4 ⓓ

DAY 25

A 1 achievement   2 expenses

3 needle   4 seal

5 count

B 1 combat   2 logic

3 warmth   4 tropical

5 remarkable

C 1 What's your concept of an ideal school?

2 The rescue of the survivors went smoothly.

3 The detectives will investigate the suspicious car.

4 The American Indians preserve their culture in songs.

D 1 ⓓ   2 ⓐ   3 ⓒ   4 ⓑ

DAY 26

A 1 application   2 license

3 warning   4 living

5 vertical

B 1 concentration   2 context

3 claims   4 envied

5 reverse

C 1 The jury will decide this woman's fate.

2 He plans to adopt a child.

3 The company was founded in 2007.

4 The office is located in this building.

D 1 ⓒ   2 ⓓ   3 ⓐ   4 ⓑ

DAY 27

A 1 injury   2 politician

3 range   4 courageous

5 urban

B 1 leather   2 acknowledged

3 consists of   4 fulfill

5 particular

C 1 We need bigger containers for these plants.

2 This company has ten full-time employees.

3 Half the class was absent because of the flu.

4 This school is very strict about the dress code.

D 1 ⓑ   2 ⓐ   3 ⓓ   4 ⓒ

DAY 28

A 1 amount   2 confidence

3 vast   4 underwater

5 inevitable

B 1 continents   2 transportation

3 sacrifices   4 devotes

5 determined

C 1 What amount of fuel do we need?

2 He had a hard time with the divorce.

3 I hope we don't encounter any problems.

4 They appointed him as vice president.

D 1 ⓐ   2 ⓓ   3 ⓑ   4 ⓒ

DAY 29

A 1 consequences   2 plenty

3 exceed   4 bare

5 horizontal

B 1 edge   2 superstitions

3 inspire   4 scattered

5 Virtual

C 1 That girl has a lot of charm.

2 The students debated about their dress code.

3 Many people demonstrated against the new law.

4 They lived in a remote village.

D 1 ⓑ   2 ⓒ   3 ⓐ   4 ⓓ

DAY 30

A 1 dew   2 instructions
    3 obstacle   4 needless
    5 scale

B 1 identity   2 bet
    3 annoyed   4 proceed
    5 vain

C 1 The foundation of this building is very strong.
    2 They will conduct an experiment on the mice.
    3 We classify butterflies as insects.
    4 There was some disgusting smell.

D 1 ⓑ   2 ⓒ   3 ⓐ   4 ⓓ

DAY 31

A 1 appointment   2 fame
    3 first aid   4 considerable
    5 partial

B 1 employer   2 mustache
    3 crawl   4 tends
    5 pregnant

C 1 I don't have much money in my account.
    2 They need to reform their political system.
    3 I dedicate a lot of time to learning the guitar.
    4 We will postpone the soccer match until next Friday.

D 1 ⓒ   2 ⓓ   3 ⓐ   4 ⓑ

DAY 32

A 1 admission   2 reputation
    3 harm   4 massive
    5 reliable

B 1 reputation   2 shade
    3 violence   4 overflowed
    5 cozy

C 1 I can hear my father snoring in his room.
    2 I presume you don't know what you want.
    3 I cannot tolerate violence in my house.
    4 We are lucky to rent such a reliable car.

D 1 ⓓ   2 ⓒ   3 ⓑ   4 ⓐ

DAY 33

A 1 colleague   2 currency
    3 resources   4 sensible
    5 ultimate

B 1 microscope   2 self-portraits
    3 Crush   4 frowned
    5 wireless

C 1 Thanks for your consideration of my situation.
    2 The library has many resources for research.
    3 I submitted my paper in the morning.
    4 This problem is too complicated to solve.

D 1 ⓐ   2 ⓓ   3 ⓑ   4 ⓒ

DAY 34

A 1 democracy   2 majority
    3 surgeon   4 trail
    5 respectable

B 1 tribe   2 glanced
    3 compensate   4 military
    5 successive

C 1 This phone has the capability to take pictures.
    2 The teacher's praise boosted his confidence.
    3 The author is promoting his new novel.
    4 I am not associated with this company.

D 1 ⓑ   2 ⓐ   3 ⓒ   4 ⓓ

DAY 35

A 1 excess   2 sneeze
    3 undergo   4 prior
    5 upcoming

B 1 agriculture   2 imitation
    3 masterpiece   4 autograph
    5 vague

C
1 Japan suffers from frequent earthquakes.
2 His car collided with a bus.
3 Do not dwell on your past mistakes.
4 The boy was expelled from school.

D 1 ⓒ   2 ⓓ   3 ⓑ   4 ⓐ

DAY 36

A 1 commerce   2 extent
3 monument   4 gigantic
5 mutual
B 1 architect   2 welfare
3 convey   4 horrified
5 perceived
C 1 I bought a telescope to study astronomy.
2 The outcome is not very good.
3 We anticipate snow next weekend.
4 They came to a mutual agreement.

D 1 ⓑ   2 ⓓ   3 ⓐ   4 ⓒ

DAY 37

A 1 basement   2 behalf
3 minority   4 momentary
5 thorough
B 1 dynasties   2 outlook
3 extract   4 obstructs
5 recollected
C 1 The family's finances were in trouble.
2 New technology helps us foretell the weather.
3 I think we have adequate food for the trip.
4 Some people are not tolerant of differences.

D 1 ⓒ   2 ⓐ   3 ⓓ   4 ⓑ

DAY 38

A 1 evolution   2 grave
3 participant   4 frame
5 absurd
B 1 fuel   2 landscape
3 moisture   4 states
5 exotic

C
1 The singer became a huge celebrity after her first album.
2 We should frame these great pictures.
3 He was overwhelmed by the support of his classmates.
4 Her help was invaluable for this project.

D 1 ⓒ   2 ⓓ   3 ⓐ   4 ⓑ

DAY 39

A 1 creatures   2 gravity
3 yield   4 hostile
5 precise
B 1 workout   2 worship
3 attribute   4 industrious
5 timely
C 1 A delicious feast was served after the wedding.
2 My spouse and I have been married for fifteen years.
3 The dog was hostile to strangers.
4 They didn't give us precise information.

D 1 ⓓ   2 ⓐ   3 ⓑ   4 ⓒ

DAY 40

A 1 archive   2 hedge
3 colony   4 mighty
5 tame[tamed]
B 1 fossils   2 voyage
3 roar   4 abounds
5 miserable
C 1 The parrot is the old woman's companion.
2 They are painting fresh traffic lines on the pavement.
3 I was perplexed by your confusing message.
4 The colors of these flowers are varied.

D 1 ⓒ   2 ⓓ   3 ⓑ   4 ⓐ

citizen	40	constant	93	decision	24
claim	108	construct	125	decorate	21
clap	92	consumer	120	decoration	44
classify	125	contain	52	decrease	52
claw	152	container	112	dedicate	129
clearly	33	context	108	defend	109
clerk	64	continent	116	defense	84
climate	44	continue	16	define	89
colleague	136	continuous	69	degree	76
collide	145	contrary	73	delay	48
colony	164	contribute	93	delete	113
combat	104	convey	149	deliberately	149
combination	44	convince	93	delicate	81
combine	45	cooperate	101	delight	84
comfort	85	copyright	128	demand	68
commerce	148	costume	68	democracy	140
common	9	count	105	demonstrate	120
commonly	61	courageous	113	dense	121
community	96	cozy	133	department	116
companion	164	crack	160	departure	36
compare	33	craft	164	depend	41
compensate	141	crash	56	describe	60
competitive	97	crawl	129	deserve	73
completely	9	crazy	13	destroy	37
complex	85	creature	160	destruction	56
complicated	137	crime	68	detail	72
conceive	137	crisis	80	detective	80
concentrate	80	critical	77	determine	81
concentration	108	crop	80	determined	117
concept	104	crow	124	develop	8
concern	76	cruel	61	devote	117
conclude	85	crush	137	dew	124
conduct	124	cultural	9	digest	101
confess	105	cunning	153	diminish	133
confidence	116	cure	72	direction	40
conflict	72	curious	65	directly	45
confront	157	currency	136	disability	96
confuse	24	custom	40	disabled	41
connect	37	cycle	132	disagree	24
conscientious	161			disappear	12
consent	148			disappoint	28
consequence	120	**D**		disappointed	21
conservation	148			discover	28
consider	8	damage	32	discovery	76
considerable	129	dare	117	disgusting	125
consideration	136	deal	20	display	56
consist	113	death	20	distance	44
		debate	120		

distant	73	equipment	56	flow	36
distinguish	41	erase	101	fold	101
diverse	157	escape	52	folk	52
divide	33	essential	77	forbid	161
divorce	116	establish	64	force	36
dizzy	129	evidence	84	foretell	153
doubt	64	evident	101	form	60
drag	64	evolution	156	fossil	164
drip	140	exactly	41	found	109
due	53	examine	53	foundation	124
durable	125	exceed	120	fragile	157
dwell	145	excel	137	frame	156
dynasty	152	excellent	65	frighten	81
		exception	100	frightening	101
		excess	144	frown	137
E		exclaim	141	frozen	57
eager	101	exist	61	fuel	156
earn	77	exotic	157	fulfill	113
earthquake	144	expect	9	fully	77
ease	84	expel	145	function	68
economic	37	expense	104	fund	136
economics	92	experiment	24	funeral	80
edge	120	expert	52	further	57
education	36	export	92		
effective	49	explanation	48		
effort	24	explore	29	**G**	
electric	29	explosion	108	gaze	141
element	96	extent	148	generate	117
embarrass	28	extract	152	generation	84
emerge	141	extreme	93	gentle	89
emergency	32	extremely	89	gigantic	149
emission	164			glance	140
emotion	28			global	17
emotional	73	**F**		glow	100
emphasize	97	fairly	61	gradual	125
employee	112	fame	128	gradually	49
employer	128	fashionable	13	grand	45
empty	25	fate	108	grateful	49
encounter	116	fatigue	140	grave	156
encourage	33	fault	88	gravity	160
enjoyable	41	fear	28	greedy	85
enlarge	153	feast	160	guard	104
enormous	97	feature	96		
enrich	161	finance	152		
entire	77	first aid	128	**H**	
entirely	65	fit	41	habit	8
envy	108	flight	36	handle	56

hardly	9	interest	12	maintain	89
harm	132	interfere	145	major	53
harmful	61	interpret	97	majority	140
heal	97	interrupt	73	manage	69
hedge	164	invaluable	157	manager	16
hide	24	invent	16	mass	116
hinder	133	invention	28	massive	133
hire	93	investigate	105	masterpiece	144
honest	25	involve	85	material	16
honor	16			mayor	68
horizontal	121			mechanic	84
horrify	149	**J**		medical	85
horror	48	journey	52	memory	12
hostile	161	judgment	88	mental	81
household	157			merchant	164
				metal	64
		K		method	72
I		knowledge	56	microscope	136
identity	124			might	37
illegal	45			mighty	165
image	20	**L**		mild	53
imagine	37	lack	84	military	141
imitation	144	landscape	156	minority	152
immediately	53	law	48	miserable	165
importance	12	lawyer	68	mobile	101
impress	45	league	76	moisture	156
incident	28	leather	112	momentary	153
include	9	lecture	64	monument	148
increase	40	lessen	157	motive	144
indicate	109	license	108	movement	16
industrial	145	lid	96	multicultural	129
industrious	161	link	148	murder	136
inevitable	117	liquid	112	mustache	128
infant	160	literature	92	mutual	149
influence	20	lively	69		
information	8	living	109		
ingredient	112	load	100	**N**	
injury	112	local	17	nation	64
innocent	61	locate	109	native	45
insist	61	location	20	natural	9
inspect	101	logic	104	naturally	49
inspire	121	lower	93	needle	104
institution	120	lung	104	needless	125
instruction	124			nephew	52
intelligence	96			nerve	152
intend	53	**M**		nonsense	140
intention	100	mad	49	normal	13
		mainly	69		

notify	137	payment	68	progress	20
nutrition	100	perceive	149	prohibit	113
		perfectly	17	promote	141
		perform	16	properly	13
O		permission	108	prove	45
obey	53	perplex	165	provide	17
object	24	personal	29	punctual	93
observe	25	personality	28	punish	9
obstacle	124	persuade	61	purpose	52
obstruct	153	physically	65	pursue	97
obtain	93	physician	160		
obvious	73	physics	84		
occasion	56	plain	81	**Q**	
occur	65	plenty	120	quality	40
odd	69	poisonous	33		
offer	12	policy	80	**R**	
officer	84	politician	112		
official	33	politics	48	range	112
opportunity	56	pollution	44	rapid	65
oppose	77	position	20	reaction	84
opposite	53	positive	57	reality	64
ordinary	81	postpone	129	realize	13
organ	144	potential	33	recognize	17
origin	60	precious	49	recollect	153
original	21	precise	161	recommend	25
originally	77	prefer	13	reflect	48
outcome	148	pregnant	129	reform	128
outer	105	presentation	88	refresh	149
outlook	152	preserve	105	region	24
overflow	133	president	24	regret	36
overwhelm	157	press	88	regular	125
owe	77	pressure	40	regularly	17
		presume	133	relax	13
		pretend	41	relax	89
P		prevent	25	release	33
painful	61	pride	60	reliable	133
partial	129	prime	149	relieve	81
participant	156	principle	60	religion	132
particular	113	prior	145	remain	17
partly	89	privacy	72	remarkable	105
passenger	16	privilege	160	remind	29
passion	76	probably	13	remote	121
pat	96	procedure	144	remove	57
path	48	proceed	125	repair	52
patient	32	product	8	represent	48
pause	56	production	92	reproduce	121
pavement	164	professional	37	reputation	132

request	68	sneeze	144	tidy	109
require	21	snore	132	timely	161
rescue	104	soak	165	tolerant	153
research	76	soldier	60	tolerate	133
resident	60	sour	129	tone	132
resource	136	source	76	tool	64
respect	8	splash	112	total	68
respectable	141	spouse	160	track	60
response	32	spread	21	trail	140
responsibility	72	stamp	88	transform	101
responsible	65	stare	80	translate	65
reveal	97	state	156	transportation	116
reverse	109	sticky	29	treasure	32
revise	117	stream	120	tribe	140
revolution	116	strict	113	tropical	105
reward	44	struggle	69	typical	77
ripe	93	submit	137		
rise	24	succeed	9		

U

risk	92	success	32		
roam	157	successful	13	ultimate	137
roar	164	successive	141	unable	97
rude	21	suggestion	40	undergo	145
		suitable	85	understanding	36
		superstition	120	underwater	117

S

		supply	12	unfair	37
sacrifice	116	support	20	unfortunately	25
satisfy	37	suppose	13	university	8
scale	124	surface	88	unknown	69
scatter	121	surgeon	140	upcoming	145
seal	104	surround	97	urban	113
secretary	88	survive	29	used to	37
seed	56	suspect	96	usual	17
select	49	system	80	utilize	81
self-portrait	136				
sense	32				

T

sensible	137			

V

sensitive	65	tame	165	vague	145
separate	57	technical	113	vain	125
sew	73	technology	12	valuable	49
shade	132	tend	129	value	12
shock	76	term	128	vanish	165
shut	73	terribly	45	varied	165
simply	33	territory	156	varied	165
site	72	theory	92	variety	92
slam	108	thorough	153	vast	117
slave	100	though	29	vertical	109
slip	100	thought	60	vibrate	121

MEMO

필수 중학 영단어 3

어휘 TEST

교과서가
보이는

40일
완성

중3
핵심어휘

800
단어

NE 능률

Name: _____ **Date:** _____ **Score:** _____

● 우리말은 영어로, 영어는 우리말로 빈칸을 완성하세요.

	단어	영어/우리말
1	consider	
2	punish	
3	common	
4	cultural	
5	completely	
6	ability	
7	include	
8	product	
9	develop	
10	allow	
11	기대하다, 예상하다	
12	자연의, 천연의, 자연스러운	
13	거의 ~이 아니다, 거의 ~하지 않다	
14	존경, 존중, 측면, 존경하다, 존중하다	
15	이익, 혜택, 도움이 되다	
16	깨우다, 잠에서 깨다	
17	정보, 자료	
18	성공하다, 계승하다, 이어받다	
19	대학교	
20	습관, 버릇	

Name: _____   **Date:** _____   **Score:** _____

● 우리말은 영어로, 영어는 우리말로 빈칸을 완성하세요.

	단어	영어/우리말
1	importance	
2	disappear	
3	normal	
4	crazy	
5	probably	
6	achieve	
7	relax	
8	realize	
9	accident	
10	suppose	
11	기억, 추억	
12	유행하는, 고급의	
13	기술, 과학 기술	
14	관심, 이자, ~의 관심을 끌다	
15	가치, 가격, 중시하다	
16	더 좋아하다, 선호하다	
17	성공적인, 성공한	
18	제대로, 적절하게	
19	제공, 제안, 제공하다, 제안하다	
20	공급(량), 재고량, 공급하다	

Name: _____   **Date:** _____   **Score:** _____

● 우리말은 영어로, 영어는 우리말로 빈칸을 완성하세요.

	단어	영어/우리말
1	passenger	
2	usual	
3	manager	
4	article	
5	global	
6	remain	
7	continue	
8	material	
9	provide	
10	perfectly	
11	(사회적) 운동, 움직임	
12	발명하다, 개발하다	
13	영광, 영예, ~에게 영광[영예]을 주다	
14	전체의, 모든, 전체	
15	알아보다, 인정하다	
16	공연하다, 수행하다	
17	접근(법), 접근하다	
18	현지의, 지역의, 현지인	
19	이용[구입]이 가능한	
20	정기적으로, 규칙적으로	

TEST   DAY 04

Name: _____   Date: _____   Score: _____

● 우리말은 영어로, 영어는 우리말로 빈칸을 완성하세요.

	단어	영어/우리말
1	decorate	
2	alive	
3	afterward	
4	disappointed	
5	influence	
6	original	
7	abroad	
8	location	
9	area	
10	rude	
11	죽음, 사망	
12	거래, 계약, 다루다, 처리하다	
13	진전, 발전, 진행되다, 나아가다	
14	이미지, 인상, 영상	
15	확산, 퍼짐, 퍼지다, ~을 퍼뜨리다	
16	준비를 해놓다, 배열하다	
17	암, 악성 종양	
18	자세, 입장, 위치, 자리, 직위	
19	지지, 지원, 지지하다, 지원하다	
20	필요로 하다, (법으로) 규정하다	

Name: _____ **Date:** _____ **Score:** _____

● 우리말은 영어로, 영어는 우리말로 빈칸을 완성하세요.

	단어	영어/우리말
1	president	
2	disagree	
3	prevent	
4	honest	
5	badly	
6	region	
7	unfortunately	
8	observe	
9	decision	
10	effort	
11	침착한, 차분한, 진정시키다, 진정하다	
12	숨다, 감추다	
13	혼란스럽게 하다, 혼동하다	
14	비어 있는, 비우다	
15	물체, 목적, 대상, 반대하다	
16	경력, 직업	
17	실험, 시도, 실험하다, 시도하다	
18	추천하다, 권하다	
19	상승, 인상, 증가하다, 오르다	
20	확실한, 특정한, 어떤	

5

Name: _____ **Date:** _____ **Score:** _____

● 우리말은 영어로, 영어는 우리말로 빈칸을 완성하세요.

	단어	영어/우리말
1	incident	
2	attack	
3	explore	
4	survive	
5	apart	
6	sticky	
7	discover	
8	invention	
9	personality	
10	century	
11	공포, 두려움, 두려워하다, 걱정하다	
12	상기시키다, 생각나게 하다	
13	당황하게 하다, 난처하게 하다	
14	개인의, 사적인	
15	그래도, 그렇지만, 비록 ~일지라도	
16	중앙의, 중심의	
17	지갑	
18	감정, 기분	
19	실망시키다	
20	전기의	

Name: _____   **Date:** _____   **Score:** _____

● 우리말은 영어로, 영어는 우리말로 빈칸을 완성하세요.

	단어	영어/우리말
1	compare	
2	poisonous	
3	divide	
4	clearly	
5	sense	
6	advertise	
7	ceremony	
8	wealth	
9	encourage	
10	success	
11	환자, 참을성이 있는, 끈기 있는	
12	피해, 손상, 피해를 입히다	
13	반응, 대답	
14	풀어주다, 공개하다, 석방, 발매	
15	보물, 소중히 여기다	
16	긴급 상황, 비상사태	
17	공식적인, 관리, 임원	
18	고마워하다, (가치 등을) 인정하다	
19	간단하게, 단순하게	
20	잠재적인, 가능성 있는, 잠재력	

Name: _____　　**Date:** _____　　**Score:** _____

● 우리말은 영어로, 영어는 우리말로 빈칸을 완성하세요.

	단어	영어/우리말
1	flow	
2	regret	
3	destroy	
4	economic	
5	satisfy	
6	education	
7	advantage	
8	vision	
9	connect	
10	unfair	
11	비행(편), 항공편	
12	힘, 군대, 강제로 ~하게 하다	
13	~처럼 보이다, 나타나다, 출연하다	
14	이해, 지식, 이해심이 있는	
15	출발, 떠남	
16	상상하다, 짐작하다	
17	지원하다, 신청하다, 적용되다	
18	~였다, ~하곤 했다	
19	전문가의, 업무의, 프로의, 숙련자	
20	~일[할]지도 모른다	

Name: _____   **Date:** _____   **Score:** _____

● 우리말은 영어로, 영어는 우리말로 빈칸을 완성하세요.

	단어	영어/우리말
1	direction	
2	increase	
3	affect	
4	artificial	
5	exactly	
6	billion	
7	suggestion	
8	distinguish	
9	enjoyable	
10	custom	
11	품질, 자질, 고급의	
12	압력, 압박, 압력을 가하다, 압박하다	
13	의존하다, ~에 달려 있다	
14	장애가 있는, 불구의	
15	시민, 국민	
16	호소, 간청, 호소하다, 흥미를 끌다	
17	분명히, 확실히	
18	~인 척하다, 가장하다	
19	(들어)맞다, 알맞다, 건강한	
20	주장하다, 논쟁하다, 말다툼하다	

Name: _____   **Date:** _____   **Score:** _____

● 우리말은 영어로, 영어는 우리말로 빈칸을 완성하세요.

	단어	영어/우리말
1	prove	
2	illegal	
3	reward	
4	admire	
5	decoration	
6	grand	
7	climate	
8	pollution	
9	combine	
10	directly	
11	거리	
12	붙이다, 연결하다, 첨부하다	
13	추가, 덧셈	
14	(관심 등을) 끌다, 매료시키다	
15	모국의, 원주민의, 원산지의, 현지인	
16	조합, 결합	
17	귀찮게 하는 것, 귀찮게 하다	
18	깊은 인상을 주다, 감동시키다	
19	~ 안에, ~ 이내에	
20	매우, 형편없이	

Name: _____ Date: _____ Score: _____

● 우리말은 영어로, 영어는 우리말로 빈칸을 완성하세요.

	단어	영어/우리말
1	grateful	
2	horror	
3	delay	
4	path	
5	select	
6	mad	
7	explanation	
8	warn	
9	precious	
10	gradually	
11	법, 법률, 법칙	
12	비추다, 반사하다, 곰곰이 생각하다	
13	효과적인, 효율적인	
14	변경하다, (옷을) 수선하다	
15	주의, 집중, 관심	
16	자연스럽게, 당연히	
17	정치, 정계	
18	대표하다, 나타내다	
19	가치 있는, 유용한, 값비싼	
20	급증, 폭발, 터지다, 터뜨리다	

Name: _____ **Date:** _____ **Score:** _____

● 우리말은 영어로, 영어는 우리말로 빈칸을 완성하세요.

	단어	영어/우리말
1	nephew	
2	obey	
3	mild	
4	advertisement	
5	decrease	
6	immediately	
7	contain	
8	journey	
9	intend	
10	repair	
11	검사하다, 검토하다, 자세히 살펴보다	
12	~할 예정인, ~까지인, ~ 때문에	
13	사람들, 민간의, 민속의	
14	탈출, 벗어남, 탈출하다, 벗어나다	
15	전문가, 숙련된, 전문가적인	
16	인정하다, 시인하다, 받아들이다	
17	주요한, 중요한, 전공, 전공하다	
18	정반대의, 맞은편의, 정반대	
19	목적, 목표, 의도	
20	~ 너머에, ~을 지나서	

Name: _____　　**Date:** _____　　**Score:** _____

● 우리말은 영어로, 영어는 우리말로 빈칸을 완성하세요.

	단어	영어/우리말
1	knowledge	
2	remove	
3	positive	
4	brick	
5	frozen	
6	widely	
7	opportunity	
8	brief	
9	seed	
10	display	
11	파괴, 훼손	
12	충돌, 추락, 충돌하다, 추락하다	
13	출석하다, 참석하다, 처리하다	
14	장비, 도구	
15	보다 더, 더 멀리, 더 이상의	
16	(특정한) 경우, 행사	
17	손잡이, 대처하다, 처리하다	
18	적응하다, 각색하다	
19	(잠시) 멈춤, 중단, 잠시 멈추다[쉬다]	
20	분리하다, 헤어지다, 분리된, 각기 다른	

Name: _____   **Date:** _____   **Score:** _____

● 우리말은 영어로, 영어는 우리말로 빈칸을 완성하세요.

	단어	영어/우리말
1	painful	
2	persuade	
3	principle	
4	form	
5	soldier	
6	harmful	
7	cruel	
8	atmosphere	
9	exist	
10	describe	
11	주민, (병원의) 레지던트	
12	주장하다, 고집하다	
13	결백한, 순진한	
14	꽤, 공정하게	
15	기원, 유래, 출신	
16	자랑, 자부심, 자랑스러워하다	
17	생각, 생각했다	
18	트랙, 경주로, 흔적, 추적하다	
19	걱정하는, 불안해하는, ~하고 싶어 하는	
20	통상, 흔히	

Name: _____ **Date:** _____ **Score:** _____

● 우리말은 영어로, 영어는 우리말로 빈칸을 완성하세요.

	단어	영어/우리말
1	reality	
2	occur	
3	excellent	
4	rapid	
5	tool	
6	doubt	
7	basic	
8	clerk	
9	translate	
10	responsible	
11	강의, 강연	
12	설립하다, 확립하다	
13	요금, 비용, 책임, 청구하다	
14	완전히, 전적으로	
15	귀찮은 것, 짜증 나는 것, 끌다	
16	국가, 국민	
17	섬세한, 예민한, 민감한	
18	호기심이 많은, 알고 싶어 하는	
19	신체적으로, 육체적으로	
20	금속, 금속제의	

Name: _____   **Date:** _____   **Score:** _____

● 우리말은 영어로, 영어는 우리말로 빈칸을 완성하세요.

	단어	영어/우리말
1	lawyer	
2	demand	
3	odd	
4	struggle	
5	lively	
6	mainly	
7	payment	
8	mayor	
9	unknown	
10	bride	
11	범죄	
12	계속되는, 끊임없는	
13	속삭이는 소리, 속삭이다	
14	사실상, 실질적으로	
15	기능, 역할, 기능하다, 역할을 하다	
16	합계, 전체의, 완전한	
17	의상, 복장	
18	요청, 요구, 요청하다, 요구하다	
19	운영하다, 관리하다, 해내다	
20	신상품의, 새것의	

Name: _____ **Date:** _____ **Score:** _____

● 우리말은 영어로, 영어는 우리말로 빈칸을 완성하세요.

	단어	영어/우리말
1	method	
2	conflict	
3	interrupt	
4	distant	
5	contrary	
6	weakness	
7	average	
8	bullet	
9	obvious	
10	responsibility	
11	사생활, 프라이버시	
12	비슷하게, 비슷한	
13	꿰매다, 바느질하다	
14	목표, 목적, 목표로 삼다	
15	~을 받을 만하다, ~할 자격이 있다	
16	현장, 장소, (인터넷) 사이트	
17	세부 사항[내용]	
18	감정적인, 감동적인	
19	닫다, 폐쇄하다	
20	치료법, 치료제, 치료하다, 치유하다	

Name: ＿＿＿＿＿＿＿＿＿　　**Date:** ＿＿＿＿＿＿＿　　**Score:** ＿＿＿＿＿＿＿

● 우리말은 영어로, 영어는 우리말로 빈칸을 완성하세요.

	단어	영어/우리말
1	passion	
2	shock	
3	owe	
4	critical	
5	fully	
6	discovery	
7	wisdom	
8	oppose	
9	entire	
10	typical	
11	필수적인, 매우 중요한, 필수품	
12	(돈을) 벌다, (명성 등을) 얻다	
13	원래, 처음에는	
14	가정하다, 간주하다	
15	(각도·온도 등의) 도, 정도	
16	걱정, 염려, 우려, 걱정시키다	
17	청구서, 청구액, 계산서, 지폐	
18	리그, 연맹	
19	연구, 조사	
20	근원, 원천, 출처	

Name: _____   **Date:** _____   **Score:** _____

● 우리말은 영어로, 영어는 우리말로 빈칸을 완성하세요.

	단어	영어/우리말
1	crop	
2	frighten	
3	amusing	
4	utilize	
5	ordinary	
6	funeral	
7	mental	
8	system	
9	stare	
10	chemistry	
11	평범한, 아무것도 섞지 않은, 평야	
12	위기, 고비	
13	완화시키다, 덜어주다	
14	형사, 탐정	
15	농축액, 집중하다, 집중시키다	
16	승인, 동의, 찬성	
17	조언하다, 충고하다	
18	결정하다, 밝혀내다	
19	민감한, 연약한, 섬세한	
20	정책, 규정, 방침	

Name: _____   **Date:** _____   **Score:** _____

● 우리말은 영어로, 영어는 우리말로 빈칸을 완성하세요.

단어	영어/우리말
1 physics	
2 greedy	
3 acquire	
4 reaction	
5 appropriate	
6 abandon	
7 evidence	
8 lack	
9 generation	
10 mechanic	
11 쉬움, 편함, 완화하다, 덜어주다	
12 복잡한, 콤플렉스, 복합건물	
13 의학의, 의료의	
14 편안함, 위안, 위로하다, 달래다	
15 경찰관, 장교	
16 결론짓다, 완료하다	
17 방어, 보호, 국방	
18 기쁨, 환희, 기쁘게 하다, 즐겁게 하다	
19 수반하다, 개입시키다	
20 적당한, 적합한	

Name: _____ **Date:** _____ **Score:** _____

● 우리말은 영어로, 영어는 우리말로 빈칸을 완성하세요.

	단어	영어/우리말
1	secretary	
2	maintain	
3	careful	
4	fault	
5	stamp	
6	gentle	
7	surface	
8	analyze	
9	behave	
10	extremely	
11	판단(력), 평가, 판결	
12	알고[인식하고] 있는	
13	쉬다, 긴장을 풀다, 긴장을 풀게 하다	
14	부분적으로, 어느 정도	
15	발표, 프레젠테이션	
16	발전, 진보, 발전하다, 진보하다	
17	축하(행사), 기념(행사)	
18	언론기관, 기자단, 누르다, 밀다	
19	~을 살 여유가 있다, 감당할 수 있다	
20	정의하다, 규정하다	

Name: _____ **Date:** _____ **Score:** _____

● 우리말은 영어로, 영어는 우리말로 빈칸을 완성하세요.

	단어	영어/우리말
1	economics	
2	variety	
3	convince	
4	punctual	
5	literature	
6	export	
7	theory	
8	accomplish	
9	obtain	
10	constant	
11	위험, 위기	
12	낮추다, 내리다, 아래(쪽)의, 더 낮은	
13	튀김 과자, 칩스	
14	(개가) 짖는 소리, 나무 껍질, (개가) 짖다	
15	바치다, 기여하다, 기부하다	
16	극심한, 극도의	
17	(과일 등이) 잘 익은	
18	생산, 제작	
19	박수, 박수[손뼉]치다	
20	고용하다, 채용하다	

Name: _____ **Date:** _____ **Score:** _____

● 우리말은 영어로, 영어는 우리말로 빈칸을 완성하세요.

	단어	영어/우리말
1	intelligence	
2	suspect	
3	adjust	
4	interpret	
5	competitive	
6	emphasize	
7	surround	
8	lid	
9	element	
10	enormous	
11	~할 수 없는	
12	치유되다, 치유하다	
13	지역사회, 공동체	
14	특징, 특색, 출연시키다	
15	(신체적·정신적) 장애	
16	시청자, 관객	
17	토닥거림, 어루만짐, 토닥거리다	
18	밝히다, 드러내다	
19	과감한, 대담한, (활자가) 볼드의	
20	추구하다, 추진하다	

Name: _____ **Date:** _____ **Score:** _____

● 우리말은 영어로, 영어는 우리말로 빈칸을 완성하세요.

	단어	영어/우리말
1	exception	
2	slave	
3	fold	
4	eager	
5	charity	
6	load	
7	cooperate	
8	authority	
9	inspect	
10	frightening	
11	지우다, 없애다	
12	이동식의, 모빌, 휴대전화	
13	특징, 특유의	
14	영양 섭취	
15	은은한 빛, 홍조, 은은하게 빛나다	
16	소화하다, 이해하다	
17	의도, 계획	
18	미끄러짐, 종잇조각, 미끄러지다	
19	변형시키다, 변형되다	
20	분명한, 명백한	

Name: _____ **Date:** _____ **Score:** _____

● 우리말은 영어로, 영어는 우리말로 빈칸을 완성하세요.

	단어	영어/우리말
1	combat	
2	preserve	
3	count	
4	bury	
5	logic	
6	concept	
7	outer	
8	confess	
9	tropical	
10	needle	
11	비용, 경비	
12	(목적 없이) 돌아다니다, 배회하다	
13	경비원, 경호원, 보호하다, 경호하다	
14	성과, 업적	
15	폐, 허파	
16	구조, 구출, 구조하다, 구출하다	
17	바다표범, 물개, 밀봉 부분, 밀폐하다	
18	조사하다, 수사하다	
19	놀랄 만한, 주목할 만한	
20	따뜻함, 친밀함	

Name: _____ **Date:** _____ **Score:** _____

● 우리말은 영어로, 영어는 우리말로 빈칸을 완성하세요.

	단어	영어/우리말
1	context	
2	found	
3	warning	
4	living	
5	indicate	
6	tidy	
7	envy	
8	license	
9	concentration	
10	fate	
11	지원(서), 신청(서), 애플리케이션	
12	위치를 찾아내다, 위치시키다	
13	폭발	
14	주장, 청구, 주장하다, 청구하다	
15	쾅 닫히는 소리, 쾅 닫다, 쾅 닫히다	
16	허가, 허락, 승인	
17	입양하다, 도입하다, 채택하다	
18	수직의, 세로의	
19	방어하다, 옹호하다, 변호하다	
20	반대의, 뒤집다, 정반대, 후진	

Name: _____ **Date:** _____ **Score:** _____

● 우리말은 영어로, 영어는 우리말로 빈칸을 완성하세요.

	단어	영어/우리말
1	leather	
2	acknowledge	
3	strict	
4	urban	
5	range	
6	employee	
7	politician	
8	delete	
9	courageous	
10	prohibit	
11	재료, 성분	
12	결석한, 결근한, 부재한	
13	철썩 튀는 소리, 철썩 튀다, 철썩 끼얹다	
14	~으로 이루어지다[구성되다]	
15	용기, 컨테이너	
16	특정한, 특별한	
17	액체, 액체의, 액상의	
18	충족시키다, 이루어주다	
19	부상	
20	기술의, 전문적인	

Name: _____   Date: _____   Score: _____

● 우리말은 영어로, 영어는 우리말로 빈칸을 완성하세요.

단어		영어/우리말
1	sacrifice	
2	continent	
3	generate	
4	amount	
5	divorce	
6	appoint	
7	revolution	
8	broke	
9	devote	
10	inevitable	
11	부서, 매장	
12	우연한 만남, 직면하다	
13	수중의, 수중에서, 수중으로	
14	자신감, 신뢰	
15	(계획·문구 등을) 변경하다, 수정하다	
16	덩어리, 대량, 대량의, 대규모의	
17	단호한, 결심이 확고한	
18	교통체계, 교통수단	
19	광대한, 엄청난	
20	감히[과감히] ~하다	

Name: _____　　Date: _____　　Score: _____

● 우리말은 영어로, 영어는 우리말로 빈칸을 완성하세요.

	단어	영어/우리말
1	vibrate	
2	dense	
3	superstition	
4	charm	
5	stream	
6	exceed	
7	institution	
8	horizontal	
9	consumer	
10	virtual	
11	번식하다, 복제하다, 재현하다	
12	맨살을 드러낸, 잎이 다 떨어진	
13	흩뿌리다, 흩어지다	
14	외딴, 멀리 떨어진, 리모컨	
15	토론, 논쟁, 토론하다	
16	가장자리, 끝부분	
17	입증하다, 보여주다, 시위하다	
18	다량, 다수	
19	고무하다, 영감을 주다	
20	결과, 영향	

Name: _____ **Date:** _____ **Score:** _____

● 우리말은 영어로, 영어는 우리말로 빈칸을 완성하세요.

	단어	영어/우리말
1	construct	
2	identity	
3	conduct	
4	classify	
5	crow	
6	disgusting	
7	vain	
8	obstacle	
9	gradual	
10	needless	
11	계속 진행하다, 나아가다	
12	정기적인, 규칙적인, 단골	
13	규모, 범위, 저울	
14	짜증 나게 하다, 성가시게 하다	
15	내구성이 좋은, 튼튼한	
16	이슬	
17	달성하다, 도달하다	
18	사용설명서, 지시(사항)	
19	내기, 돈을 걸다, 장담하다	
20	기반, 기초, 재단	

Name: _____   **Date:** _____   **Score:** _____

● 우리말은 영어로, 영어는 우리말로 빈칸을 완성하세요.

	단어	영어/우리말
1	first aid	
2	dedicate	
3	considerable	
4	sour	
5	copyright	
6	mustache	
7	crawl	
8	multicultural	
9	employer	
10	pregnant	
11	~하는 경향이 있다, 보통 ~하다	
12	수도, 자금, 대문자의, 사형죄의	
13	용어, 임기, 학기	
14	개혁, 개선, 개선하다	
15	연기하다, 미루다	
16	어지러운, 현기증이 나는	
17	명성, 명망	
18	부분적인, 일부의	
19	설명, 계좌, 설명하다	
20	약속, 예약	

Name: _____ **Date:** _____ **Score:** _____

● 우리말은 영어로, 영어는 우리말로 빈칸을 완성하세요.

	단어	영어/우리말
1	religion	
2	diminish	
3	apparent	
4	harm	
5	ancestor	
6	cozy	
7	violence	
8	presume	
9	shade	
10	weird	
11	입장, 입학, 입장료	
12	어조, 말투, 색조	
13	코골기, 코고는 소리, 코를 골다	
14	방해하다, 지장을 주다	
15	거대한, 막대한	
16	용납하다, 견뎌내다	
17	주기, 순환	
18	평판, 명성	
19	(강 등이) 범람하다, (통 등이) 넘치다	
20	신뢰할 만한, 믿을 만한	

Name: _____ **Date:** _____ **Score:** _____

● 우리말은 영어로, 영어는 우리말로 빈칸을 완성하세요.

	단어	영어/우리말
1	frown	
2	consideration	
3	complicated	
4	murder	
5	wagon	
6	biography	
7	conceive	
8	wireless	
9	submit	
10	resource	
11	통보하다, 알리다	
12	화폐, 통화	
13	기금, 자금, 기금[자금]을 제공하다	
14	뭉개다, 으깨다	
15	궁극적인, 최종의	
16	동료	
17	자화상	
18	현명한, 분별 있는	
19	능가하다, 탁월하다	
20	현미경	

Name: _____ Date: _____ Score: _____

● 우리말은 영어로, 영어는 우리말로 빈칸을 완성하세요.

	단어	영어/우리말
1	emerge	
2	associated	
3	tribe	
4	fatigue	
5	respectable	
6	glance	
7	capability	
8	successive	
9	exclaim	
10	surgeon	
11	증진시키다, 홍보하다	
12	대다수, 과반수	
13	군사의, 군대의, 군대	
14	오솔길, 작은 길	
15	(액체의) 떨어짐, 떨어지다, 떨어뜨리다	
16	말도 안 되는 소리	
17	응시하다, 가만히 바라보다, 응시, 시선	
18	후원, 북돋움, 증대시키다, 끌어올리다	
19	보상하다, 보완하다	
20	민주주의, 민주주의 국가	

Name: _____   **Date:** _____   **Score:** _____

● 우리말은 영어로, 영어는 우리말로 빈칸을 완성하세요.

	단어	영어/우리말
1	earthquake	
2	expel	
3	sneeze	
4	motive	
5	vague	
6	masterpiece	
7	abundant	
8	procedure	
9	industrial	
10	agriculture	
11	과잉, 초과, 과도한, 여분의	
12	이전의, ~ 전에	
13	장기(臟器), 기관(器官), 오르간	
14	충돌하다, 의견이 대립하다	
15	흉내, 모방, 모조품	
16	(위기 등을) 겪다, (수술 등을) 받다	
17	서명, 사인, 서명하다, 사인하다	
18	(행사 등이) 다가오는	
19	살다, 오래 생각하다	
20	간섭하다, 참견하다	

Name: _____   **Date:** _____   **Score:** _____

● 우리말은 영어로, 영어는 우리말로 빈칸을 완성하세요.

	단어	영어/우리말
1	perceive	
2	astronomy	
3	mutual	
4	outcome	
5	consent	
6	gigantic	
7	anticipate	
8	deliberately	
9	conservation	
10	architect	
11	정도, 범위	
12	상쾌하게 하다, 기운 나게 하다	
13	주요한, 최고의	
14	전달하다, 운반하다	
15	연결고리, 연관성, 연결하다	
16	공포에 떨게 하다	
17	상업, 상거래	
18	복지, 안녕	
19	유익한, 유용한	
20	기념물, 기념비	

Name: _____　　**Date:** _____　　**Score:** _____

● 우리말은 영어로, 영어는 우리말로 빈칸을 완성하세요.

	단어	영어/우리말
1	behalf	
2	enlarge	
3	tolerant	
4	thorough	
5	virtue	
6	minority	
7	obstruct	
8	claw	
9	adequate	
10	outlook	
11	예언하다, 예견하다	
12	교활한, 영리한	
13	용기, 신경	
14	발췌, 추출물, 뽑다, 추출하다	
15	지하(실)	
16	왕조, 왕가	
17	~와 동행하다, ~를 동반하다	
18	잠깐의, 일시적인	
19	금융, 재정, 자금을 조달하다	
20	기억해내다	

Name: _____   **Date:** _____   **Score:** _____

● 우리말은 영어로, 영어는 우리말로 빈칸을 완성하세요.

	단어	영어/우리말
1	exotic	
2	fuel	
3	territory	
4	lessen	
5	diverse	
6	roam	
7	moisture	
8	invaluable	
9	evolution	
10	landscape	
11	압도하다, 벅차게 하다	
12	깨지기 쉬운, 약한	
13	틀, 액자, 틀에 끼우다, 액자에 넣다	
14	무덤, 묘, 심각한, 중대한	
15	(문제 등에) 맞서다	
16	참가자, 참석자	
17	터무니없는, 바보 같은	
18	(연예계 등의) 유명인	
19	가정(용)의, 가정, 가구	
20	상태, (미국 등의) 주, 진술하다, 밝히다	

Name: _____   **Date:** _____   **Score:** _____

● 우리말은 영어로, 영어는 우리말로 빈칸을 완성하세요.

	단어	영어/우리말
1	privilege	
2	hostile	
3	workout	
4	precise	
5	infant	
6	enrich	
7	timely	
8	forbid	
9	conscientious	
10	creature	
11	잔치, 연회, 진수성찬	
12	~에서 기인한 것으로 생각하다	
13	화학의, 화학 물질[약품]	
14	배우자	
15	틈, 금, 균열, 금이 가다, 깨다	
16	근면한, 부지런한	
17	(결과 등을) 낳다, 양보하다	
18	중력, 심각성	
19	숭배, 예배, 숭배하다, 무척 존경하다	
20	의사, 내과의사	

Name: _____ **Date:** _____ **Score:** _____

● 우리말은 영어로, 영어는 우리말로 빈칸을 완성하세요.

	단어	영어/우리말
1	fossil	
2	vanish	
3	miserable	
4	hedge	
5	varied	
6	perplex	
7	emission	
8	captive	
9	colony	
10	abound	
11	(도매) 상인	
12	공예, 기술, (특별한 기술로) 만들다	
13	막강한, 거대한	
14	담그다, 푹 적시다	
15	(동물이) 길들여진, (동물을) 길들이다	
16	벗, 동반자	
17	(장거리의) 항해	
18	포효, 함성, 포효하다, 소리치다	
19	보관 자료, 기록 보관소	
20	포장도로, 인도	

교과서가
보이는
40일
완성

필수 중학
영단어 **3**